改運之書

格局篇

經營自己、找到助力、
善用煞忌、創造吉化，超前布局！

大耕老師——著

目錄

前言 格局是一生的功課嗎？ 007

Chapter 1. 那些學格局之前，該知道的事

所有的命理學都有格局 012
紫微斗數對於格局的定義 015
面對紫微斗數中的格局，該如何有基本的解讀能力 030
紫微斗數中各星曜害怕跟喜歡的基本組合 034

Chapter 2. 常見《紫微斗數全書》格局組合與所需要的條件分析

1. 夾貴夾祿格 038
2. 昌曲夾命格 041
3. 雄宿乾元格 043
4. 武貪格 046
5. 七殺朝斗格 049
6. 紫府同臨格 052
7. 三吉加會格 054
8. 武貪百工之人 057

9. 日月同臨格 059
10. 鈴貪格 062
11. 坐貴向貴格 065
12. 火貪格 068
13. 紫府朝垣格 071
14. 科權對拱 074
15. 日月並明格 075
16. 機月同梁格 078
17. 日照雷門格 081
18. 月朗天門格 084
19. 祿空倒馬格 086
20. 極居卯酉格 089
21. 馬頭帶劍格 092
22. 英星入廟格 096
23. 文華文桂格 098
24. 石中隱玉格 100
25. 日月反背格 102
26. 廉貞清白格 106
27. 祿馬交持格 109
28. 桃花犯主格 111
29. 君臣慶會格 114
30. 刑囚夾印格 117
31. 善蔭朝綱格 120
32. 日麗中天格 123
33. 水澄桂萼、月生蒼海格 126
34. 泛水桃花格 129
35. 風流綵杖格 131
36. 財蔭夾印格 134
37. 日月照壁格 137
38. 日月夾命格 140

Chapter 3.

格局怎麼用

格局的真正使用方式 146
格局需要對應宮位才能產生效應 149
如何才知道自己命盤上是不是有格局 154
你得喜歡，才有辦法利用格局改運 156
你誤會了喔！常見的格局錯誤應用 158

目錄

Chapter 4.

破局

格局為何無用 164
擁有好格局卻力不從心的六個問題 170
看懂五個難點，一手爛牌打到好 181
左看很爛，右看很好的機會 187

Chapter 5.

布局

紫微斗數是改善命運的命理學 196
如何補充自身的不足 198
通常我們的格局缺少什麼 201
・六吉星 202
・好的四化 203
了解原理就可以補起來 204
輔助力量1：天魁、天鉞 幫助你的資深老前輩 206
輔助力量2：左輔、右弼 無論好壞總是支持你 210
輔助力量3：文昌、文曲 理性與感性的思慮，對自身能力的提升 214
吉化自動產生器1：沒有化祿我自己來祿 221
吉化自動產生器2：化權給我們控制與穩定的能力 227

Chapter 6.

特別企劃　改運布局三步驟

改運第一步　用十天干的星曜四化特質自產吉化 230

甲天干　廉貞化祿，破軍化權　自我要求並且控制夢想與計畫 230
乙天干　天機化祿，天梁化權　理性思考的變化能力，搭配足夠的學問 234
丙天干　天同化祿，天機化權　天真自在不計較，理性思考下決定 237
丁天干　太陰化祿，天同化權　母性的關心與照顧，讓你任性也無所謂 240
戊天干　貪狼化祿，太陰化權　展現慾望帶來更多機會，強勢母性鞏固權力 245
己天干　武曲化祿，貪狼化權　用力努力賺大錢，慾望得以掌握在手心 251
庚天干　太陽化祿，武曲化權　因為名望而得到能量，用心務實地展現權力 256
辛天干　巨門化祿，太陽化權　能言善道，容易成為眾人景仰的好領導 260
壬天干　天梁化祿，紫微化權　神明的庇佑與自我價值的救贖 262
癸天干　破軍化祿，巨門化權　浪漫而不顧一切的人，說起話來特別攬和人心 267
注意結構平衡，缺一不可 272

改運第二步　煞、忌爲我所用，刀子拿在自己手裡 274

勇往直前不怕困難的羊 277
堅持與深入研究的陀羅 280
熱情與爆發力的火星 282
細膩計算不怕吃苦的鈴星 284

目錄

改運第三步　有忌才有追求，空缺才會成爲動力　287
化忌是成就事業的逆境菩薩　287

Chapter 7. 人生不只是一個局
從無到有，一手打造　292
有格論格、無格論財官　295
四化黑白配？忌祿配，科權配　297

結語　生命由我不由天　301

前言

格局是一生的功課嗎？

如何改運？何謂改運？紫微斗數中是否真有可以改運，打破生命局限的方法？所謂格局又是什麼意思？

想算命的人，通常都是希望改運。改運是一種通俗的說法，其實目的是要能夠改變生活，讓自己變得更好，或者說事情能如自己預期進行。但是命運這回事，如同每個人天生會有不同的特質，有的人單眼皮、有的人雙眼皮，有的人高、有的人矮，有人胖、有人瘦，且胖瘦還依照地區而有不同標準，例如我的身材在美國可能不算胖，但在臺灣就不只是胖，至少算是超越胖的層次了，可能勉強比豬好一點。當我們一出生，老天就給了我們一個先天的條件，命理學依照出生的時間，利用各類命理學機制，彷彿解碼程式一樣，解開這組老天給予每個人的數據，從而了解自己的先天特質，再搭配各種命理學系統對於外界環境變化的掌控能力，從人跟環境的關係，推算出人一生的命運。這是所有預測學的基礎邏輯。在這個邏輯下，人的部分占了很大一個因素。

對於人的部分，通常是過往以來的數據統計，越長時間、越多人口的統計數據，讓每個命理學系統對於人的掌握有了不同層次與等級的複雜度。基本上，當然是越複雜越好，因為越複雜，做出來的分析會越精確。問題是複雜的數據需要分類整合，才方便理解跟分析。這些分類跟整理，在傳統的命理上就稱為「格局」，以各式各樣的分類幫我們快速定出這個人的主要天生特質，更複雜一點的是，搭配對環境的分析掌握，一併給出一個統合整理過的判斷。用這樣的方式來幫助使用命理術數的人容易學習，也能解釋清楚給客人聽，這就是格局的由來。

然而，依照傳統華人文化圈的壞習慣，這些經由特定人士整理出來的數據可能會藏私跟造假，只為了避免非親非故的人也擁有掌握這些數據的能力。另一方面，不懂命理的人容易陷入書中形容格局的文字迷思，這些書就像廣告文宣，彷彿買台氣炸鍋就可以變成大廚，買輛跑車就可以變成賽車手，塗上哪位明星介紹的化妝品，感覺自己也跟明星一樣漂亮，短暫而片面的文字敘述，加上命理師因為生意需求而誇大其辭，讓人對於所謂格局的理解，變成了一知半解，然後自己亂解，結果沒辦法展現自己原有命格應該呈現的好處與優勢，更嚴重的還會誤解命格，反而讓自己陷入困境，就像買了減肥藥就以為可以大吃大喝，結果更胖甚至傷害身體。還有的人聽到別人說自己「沒有格局」時，就十分害怕，好像人生從此沒有機會。

對於期待利用命理預測來幫助自己趨吉避凶，甚至改變運勢，如果格局真的是重要條件（如同賽車手獲得一輛性能極佳的車子，比較容易贏得比賽一樣），那麼我們該如何獲得所謂的好車？如果沒有機會獲得屬於自己的好車子（好命格），那又該如何了解自己真正的性能，加以好好運用？這其實是命理學上相當重要的改運觀念。

格局的設定，在命理上本來是一個良善且精巧的設計，但是在數百年的流傳中，卻一再失去原始含義並且被扭曲，讓我們喪失掌握改運的簡單準則與方法。在連續出版了系列書籍《紫微攻略》一、二、三後，讓大家了解外在環境的力量，可以透過紫微斗數避開外界對我們人生的阻礙；清楚自己內心的空缺所在，理解自己對人生感到不安的根本原因；以及透過星曜整體解析個人命盤，深度了解自己是一個怎樣的人，讓自己更清楚自身的優缺點之後，這一本《改運之書》，將解釋一直以來在命理界爭論不休，容易誤導學習者與求知者，卻又讓人深深著迷的「格局」。探討該如何利用自身的力量改變人生，給自己一個好的能量與充沛的生命力，進而能夠度過困境，找到老天給予我們的應許之地，讓人生路途中不再有困局。

本書會以圖表的方式，逐一解釋目前常用的古書中的格局，釐清常見的錯誤認知，以及格局真正的應用方法——在當今錯誤的觀念中，我們要如何利用格局？如果老天給了我們好條件，該如何使用才不枉然？又或者天生沒有別人欽羨的條件，該如何依靠自身的力量創造出屬於自己的好格局？如果格局是一盤老天給予自己未完成的棋局，本書將教大家如何下出一盤好棋。

Chapter 1.

那些學格局之前，
該知道的事

所有的命理學都有格局

許多人都說，命理學就是一種統計學，這樣的說法其實似是而非，因為真正的命理學是推論科學，也就是利用足夠資訊做出分析與判斷，統計只是其中之一，是將大量的數據資料整理分類，作為分析與推論的一個參考條件，這樣的分類，古代的說法就是「格局」。

也因為這樣的原始需求，加上這些分類本來就是預測學利用資料庫時的必需作法，否則面對龐大的資訊，該如何快速搜尋並且取得使用？因此，所有的預測學都存在有所謂的「格局」。例如氣象學中，我們會將雲分成各類型的雲，層雲、捲雲、雨積雲等等，透過對於雲的分類，了解雲的特質，觀看雲氣雨水分子在天空中凝結的狀態表現，掌握水分子的狀態，就可以知道當哪一類雲出現在天空中，搭配時間、風向跟濕度，接下來天氣可能會發生怎樣的變化，並且做出預測，這就是預測學的基本原理。在各類型的預測學問中，都有相關例子，命理身為所有預測學的起源之一，當然也在這個架構之下。各種命理術數其實都有這樣的分類，在東方的命理學中就稱為「格局」。

所以，八字會有八字的格局，例如八字會有所謂從兒格、從勢格、從殺格等各類型，面相、風水、奇門遁甲也都有。當然作為各類型術數集大成的紫微斗數，格局也佔了很重要的一環。因為這是最容易做出判斷的推測方式，如同看到天邊出現積雨雲，我們可以說快要下雨了，因為下雨需要有足夠的水氣，而積雨雲的出現，表示天上的雲層累積了足夠的水分，當然可以說快下雨了。又如打麻將，假若拿到一手的好牌，依照排列組合的比率來說，自然比較容易有胡牌的機會。煮菜或者上館子的時候，知道自己買到高級食材，或是這家餐廳用了高級食材，自然而然，料理難吃的機會就不會太高。久而久之，大家就會習慣用這樣一個可以簡單背誦理解的方式去了解命理學。就如同我看到自己拿到好牌時瞳孔會放大，野外露營時看到天邊的積雨雲，心情會陰暗一下，聽到廣告某餐廳都用和牛，會在心中自動幫餐廳加分，願意在消費價位上給予比較多的空間，因為是和牛，一定好吃的。這樣的心情，其實就是因為有個預期的心態，預期會胡牌贏錢，預期露營要遇到大雨，預期東西會好吃，所以可以多花點錢。這是對於未來會遇到的事，自我做個的小小預測

（其實預測這件事，隨時都在我們的日常生活中）。所以，大家在學習命理的時候，也很容易用這樣的方式去理解跟推測，尤其是傳統上所謂南派或三合派，對於格局更是相當重視，因為這表示一個人一出生時拿到什麼牌，天生是怎樣的好材料，是和牛還是重組牛，簡單易懂好理解好上手，甚至彷彿喊出武功祕訣，鏗鏘有力、擲地有聲：「嘿，你是七殺朝斗格喔！」「喔！這家都用和牛小菜喔！」差不多就是這樣的意思。

但是，光靠這般對於格局的理解，是不是就可以推算呢？可以說是，也可以說不是。好的格局當然會有好的基礎，雖然天生拿到一手好牌，但是最後是否贏錢，還是要靠運氣跟技術，好牌只是其中之一。因此，有好格局的人不一定真正如書上預測。還有一個原因，是一般書上都沒有說清楚的：真正好格局該具備怎樣的條件。其實以紫微斗數來說，所謂的好格局，需要具備相當多的條件，當然爛格局也是，因此即便遇到爛格局也不用太害怕，因為事實可能沒有你想的那麼糟，甚至比你想像的好很多。

紫微斗數對於格局的定義

目前我們看到各類書上關於紫微斗數的各種格局，其實都來自於據說是北宋陳希夷所寫，但根據考證，更可能是明清兩代作品的《紫微斗數全書》，跟《紫微斗數全集》這兩本書。以《紫微斗數全書》來說，其中談到跟所謂格局有關係的，多半出自書中所收錄的「斗數骨髓賦註解」以及〈卷三〉的部分（紫微斗數全書共分有三卷，均收錄於一冊）。如同前述所說，這是命理學中一種分類的方式，方便大家學習以及應用，因此《紫微斗數全書》在「骨隨賦註解」中以及〈卷三〉，分別利用詩歌口訣的方式（一句句好像武俠小說武功祕訣一樣的句子），將各種星曜的組合寫出來，並且做出基本的解釋。

例如：

紫府同宮終身福厚

如寅申二宮安命，值紫微天府同宮，三方有左右魁鉞拱照，必主富貴終身福厚，甲生人化吉極美。

這說的是，紫微、天府兩星會同宮在命盤上寅跟申的位置，並且命宮在那個位置。（圖一）

如果命宮的三方四正遇到左輔、右弼、天魁、天鉞這些星曜，這個人應該有錢有地位，並且終身運氣不錯。如果是甲年生的人，還會有個祿存星在寅的位置，那就相當完美了。（圖二）

而這一整段就被後人整理成所謂的「紫府同臨格」。

圖一／ 紫微天府在寅位和申位

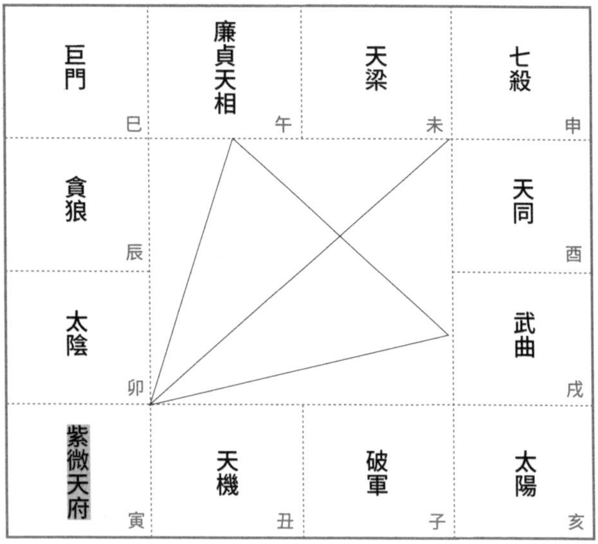

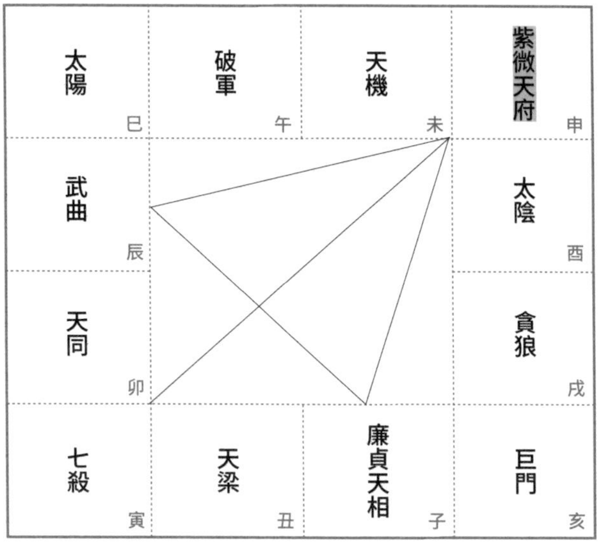

圖二／ 紫微天府在寅，且甲年生、三方四正逢左右、魁鉞

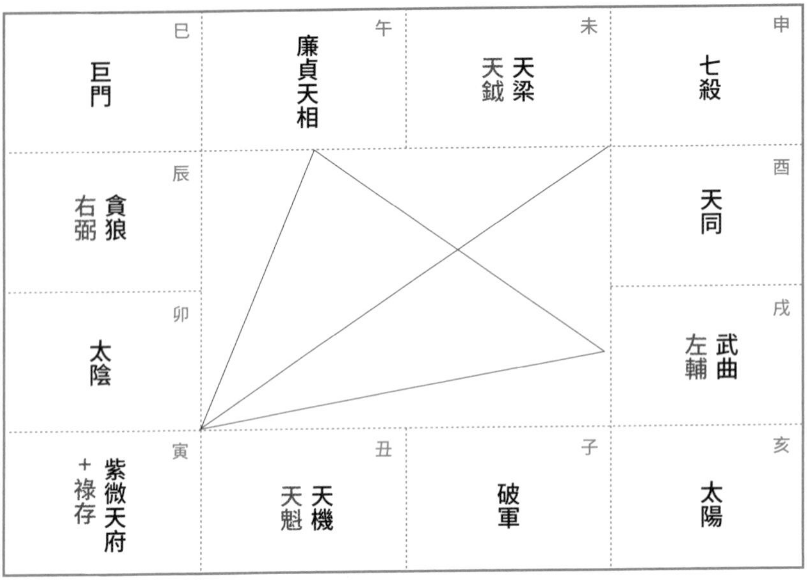

圖三／ 太陽在卯位

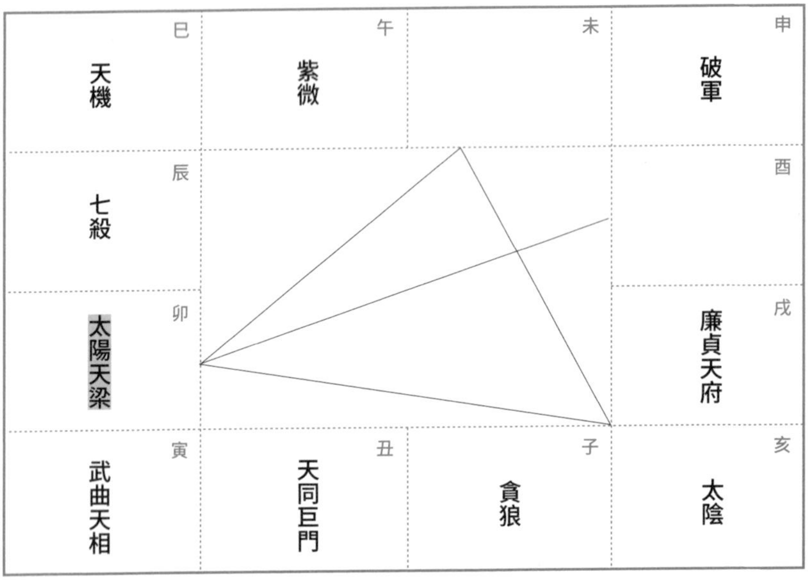

又例如：

日照雷門富貴榮華

卯宮安命太陽坐守，更三方左右昌曲魁鉞守照，富貴不小，甲乙庚辛生人合格，加刑忌四煞易主溫飽。

這裡說的是，太陽星在命宮且命宮在卯的位置。（圖三）如果三方四正遇到左輔、右弼、文曲、文昌、天魁、天鉞，基本上有錢有地位（富貴不小），但是必須甲乙庚辛年生的人才算是。有了這樣的條件，就算是遇到擎羊、天刑這些煞星，甚至遇到化忌，都可以有至少的基本生活能力，這也就被整理成所謂的「日照雷門格」。

又或者：在書中的「十二宮諸星失陷貧賤論」中，有所謂定富局、定貴局、定貧賤局等等，這也是定格局的意思。立面在定貧賤局中，有財與囚仇武貞同守身命是也。

圖四／ 命宮武曲破軍、身宮廉貞七殺

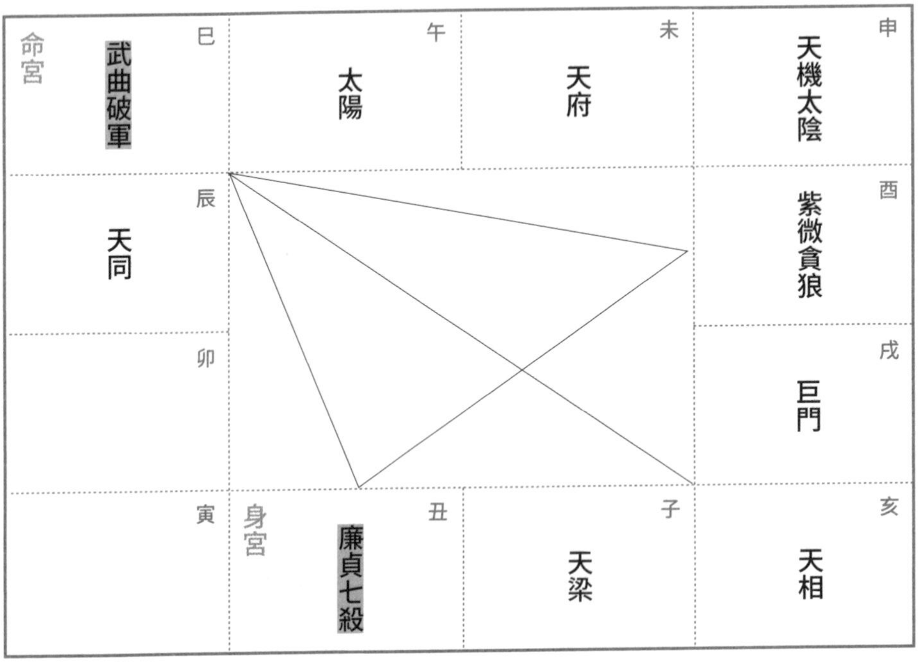

說的是武曲跟廉貞這兩顆星曜一個在命宮，一個在身宮，這樣的組合表示不會理財，更被引申成一輩子都沒錢。（圖四）

其實如果仔細看書裡所寫，會發現，排除掉古書習慣的藏私跟隱晦之外（當然現在也有人爭論其實《紫微斗數全書》或《紫微斗數全集》是假的，會不會只是因為自己沒有讀通呢？）光是從書裡的文字，我們就可以發現，根本不只是字面上的意思而已，也就是說，所謂「紫府同臨富貴」，其實後面還有一堆條件：需要三方四正有一堆輔佐的星曜，最好還要是甲年生的人，才會遇到祿存星。不但紫微星的三方四正需要遇到吉星，天府星也需要有祿存星，才算是庫星。如果沒有這些條件，其實這個格局就像是一輛空有漂亮外型跟引擎、卻少了輪胎跟方向盤的保時捷，好看卻無法發揮能力。

同樣的，日照雷門也是如此。想要富貴榮華，還需要遇到各種吉星，而且越多越好，紫微斗數中六個吉星最好能收集齊全，再補上祿存星，總共七顆，看看是不是可以像七龍珠集合召喚神龍一樣，向神龍求願如意，然後就富貴榮華了。其實，這也是符合太陽星的特質，太陽星在卯位，是跟天梁星放在一起，無論化祿或祿存，本來就會有「人因為地位而產生好處」的意思，太陽星是官祿主，所有的官祿主幾乎都需要人幫忙，畢竟一個團隊領導人若沒有人幫忙，也做不出什麼名堂來，所以一樣需要吉星。最後再加上需要是甲乙庚辛年出生，因為甲年太陽化忌，懂得自我要求；乙年有個祿存這顆大補丸，加上在卯的位置，幫助宮位內的太陽跟天梁；庚年太陽化祿；辛年會有的祿存在對宮（酉位），這個位置的對宮剛好是空宮，可以借星過去享受祿存的好處。因此，這所謂日照雷門，必須是甲乙庚辛年出生的人才算，當然擁有這樣組合的人，聰明有領導能力且願意照顧人，還有人幫忙，就算遇到煞、忌，至少還有基本的生活水準，因此告訴你，加刑忌、四煞易主溫飽。

仔細看一看，要符合書上所寫的基本條件，已經非常不容易了，更別說還有各門各派的各種密招祕訣。還有，這只是基本盤，得再看運限如何，所以，想要有個好格局容易嗎？打麻將要摸個清一色的基本牌組，可能還比較容易吧！如果沒有這些基本條件，其實就像一家餐廳空有好裝潢、好設備，但是沒有好地段跟好人才，也一樣枉然，所謂富貴榮華往往都是夢一場，甚至連作夢的機會都沒有。

不過這也表示，定貧賤局，基本上也沒有那麼容易，因此當我們看到，所謂的「財與囚仇」這麼恐怖的字眼（一輩子跟錢有仇，錢放口袋會咬人，所以一直拿出去），同樣不可能很容易就符合所有條件。

廉貞跟武曲，在紫微斗數中固定排在所謂三合內，也就是三方四正的三方之中。

（圖五）

圖五／ 廉貞星和武曲星的相對位置

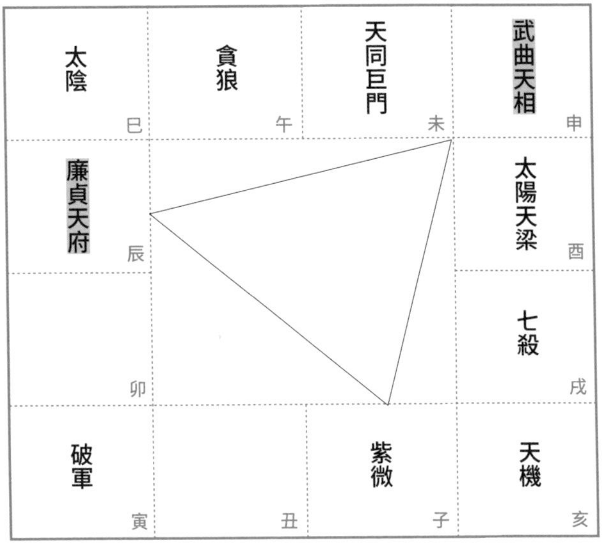

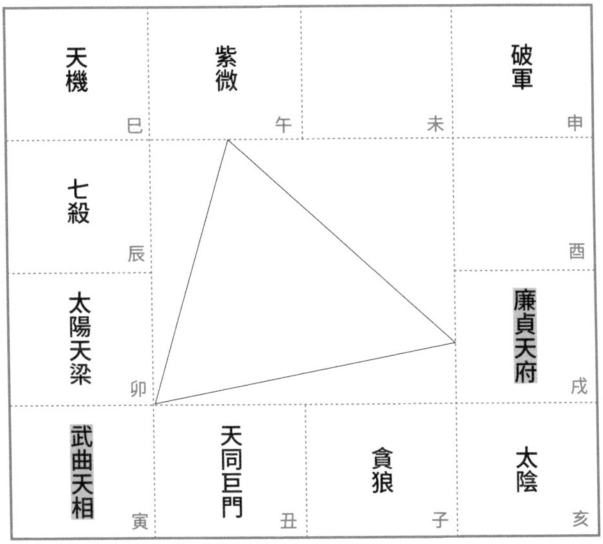

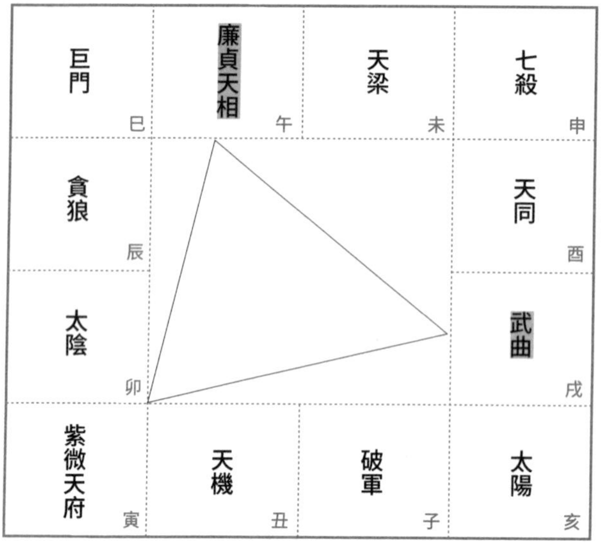
巨門 巳
廉貞天相 午
天梁 未
七殺 申
貪狼 辰
天同 酉
太陰 卯
武曲 戌
紫微天府 寅
天機 丑
破軍 子
太陽 亥

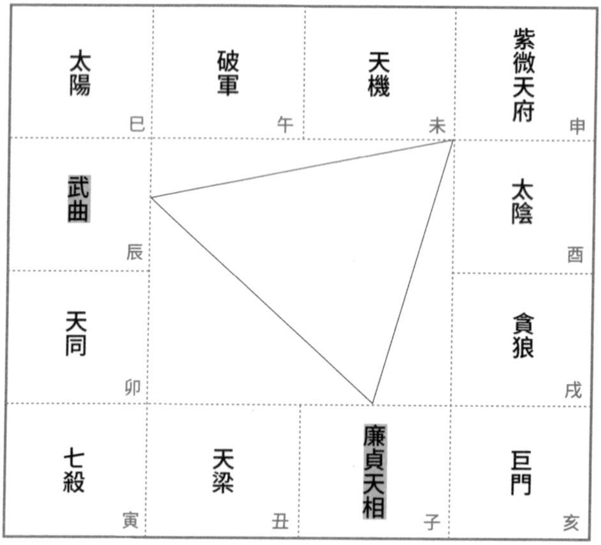
太陽 巳
破軍 午
天機 未
紫微天府 申
武曲 辰
太陰 酉
天同 卯
貪狼 戌
七殺 寅
天梁 丑
廉貞天相 子
巨門 亥

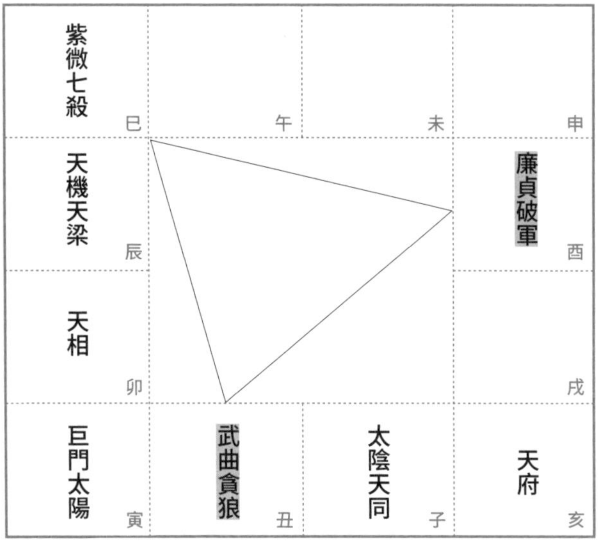
紫微七殺
巳
午
未
申
天機天梁
辰
廉貞破軍
酉
天相
卯
戌
巨門太陽
寅
武曲貪狼
丑
太陰天同
子
天府
亥

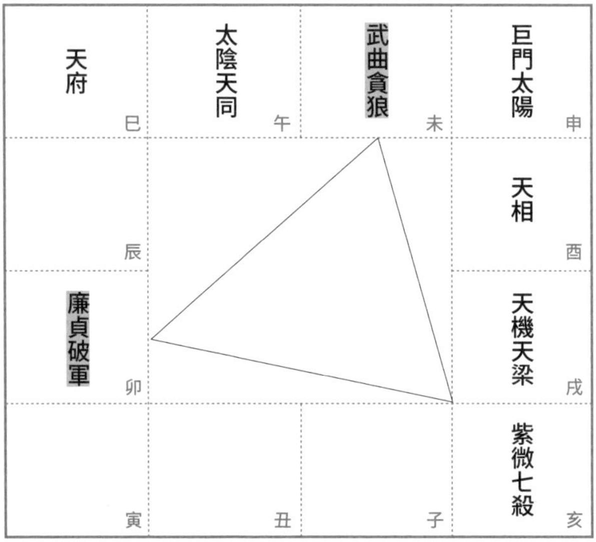
天府
巳
太陰天同
午
武曲貪狼
未
巨門太陽
申
辰
天相
酉
廉貞破軍
卯
天機天梁
戌
寅
丑
子
紫微七殺
亥

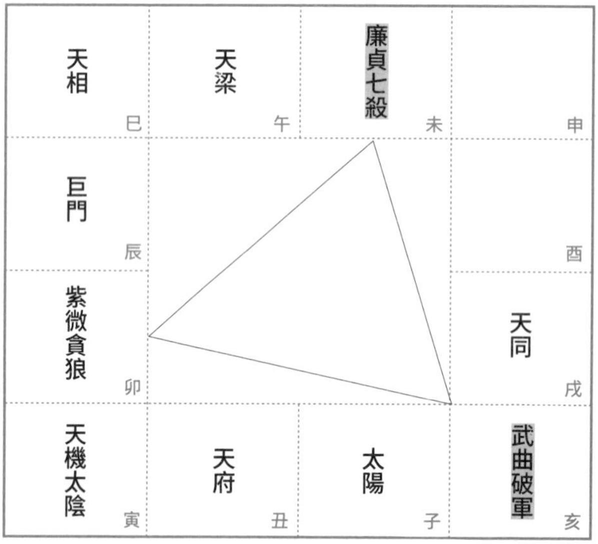
天相
巳
天梁
午
廉貞七殺
未
申
巨門
辰
酉
紫微貪狼
卯
天同
戌
天機太陰
寅
天府
丑
太陽
子
武曲破軍
亥

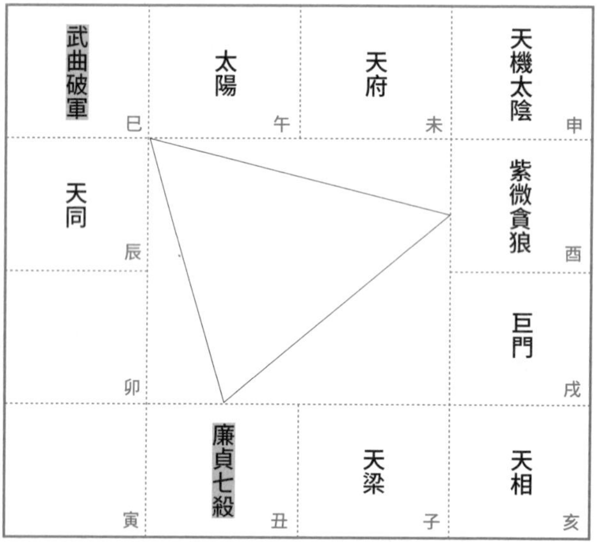
武曲破軍
巳
太陽
午
天府
未
天機太陰
申
天同
辰
紫微貪狼
酉
卯
巨門
戌
寅
廉貞七殺
丑
天梁
子
天相
亥

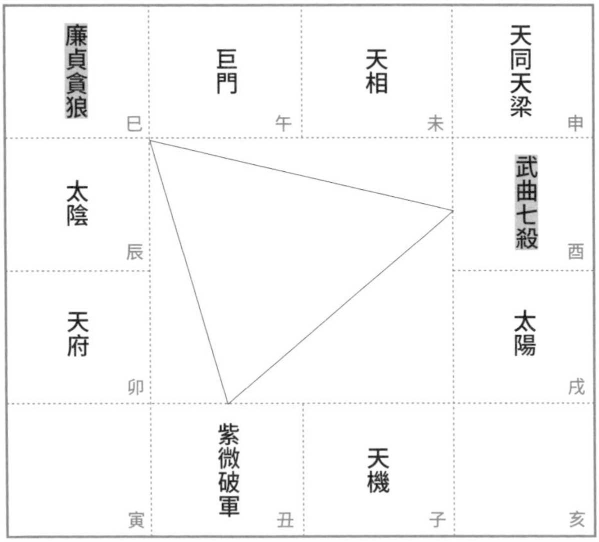
廉貞貪狼
巳
巨門
午
天相
未
天同天梁
申
太陰
辰
武曲七殺
酉
天府
卯
太陽
戌
寅
紫微破軍
丑
天機
子
亥

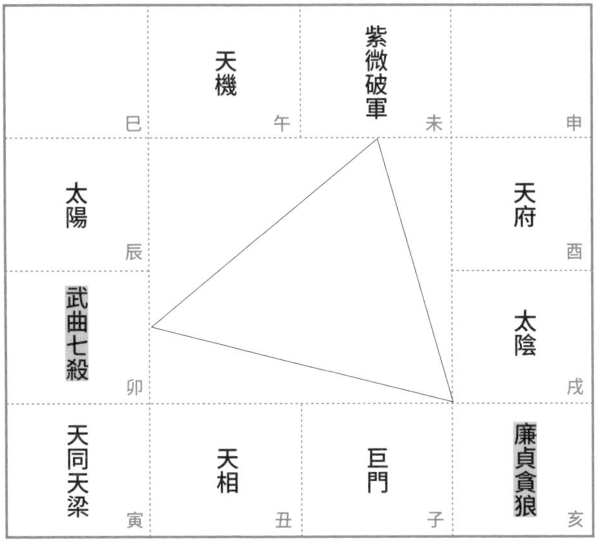
巳
天機
午
紫微破軍
未
申
太陽
辰
天府
酉
武曲七殺
卯
太陰
戌
天同天梁
寅
天相
丑
巨門
子
廉貞貪狼
亥

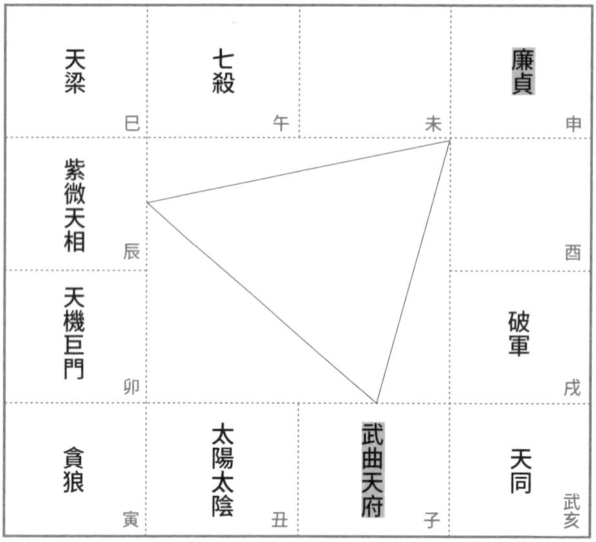
天梁
巳
七殺
午
未
廉貞
申
紫微天相
辰
酉
天機巨門
卯
破軍
戌
貪狼
寅
太陽太陰
丑
武曲天府
子
天同
武
亥

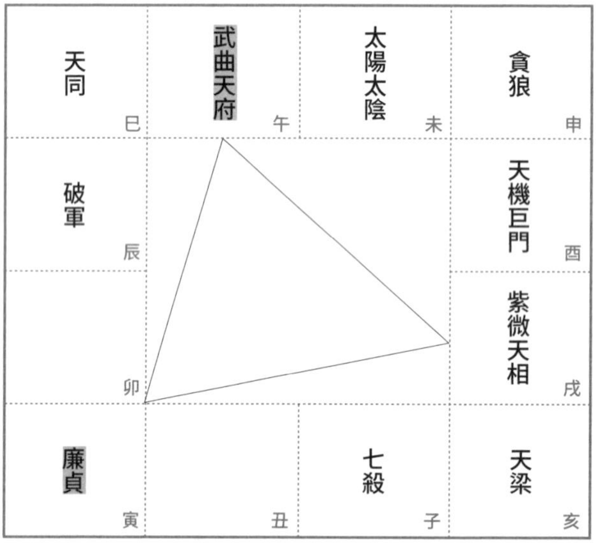
天同
巳
武曲天府
午
太陽太陰
未
貪狼
申
破軍
辰
天機巨門
酉
卯
紫微天相
戌
廉貞
寅
丑
七殺
子
天梁
亥

所謂「安命身宮」，就是一個在命宮、一個在身宮，這表示武曲當命宮的時候，剛好廉貞在財帛宮，而且這個人要身宮也在財帛宮，金錢價值觀可能會受到廉貞的影響，廉貞星遇到化祿或祿存，理財時就會謹慎小心。但是絕大多數廉貞跟七殺、破軍、貪狼同宮時，只要遇到煞、忌，就容易爆衝。這個人有武曲星耿直的個性，對人講義氣，因為身宮在財帛宮，對用錢價值的追求是一生的價值方向，如果用錢不小心還爆衝，是不是就容易留不住錢呢？同樣的，如果廉貞星在命宮，官祿宮則會剛好是武曲星。這個人如果不小心遇到煞、忌暴衝的個性，但是在工作上卻一板一眼，是不是反而彼此衝突，適得其反呢？這樣的人怎麼會容易累積財富？

古書裡沒有提到的是，其實廉貞星必須遇到七殺、破軍、貪狼甚至是天相，然後在三方四正遇到煞、忌，才會容易因為主星特質而造成這樣的情況。但這也不是那麼容易，雖然說上述的富貴格局相對容易一點，不過人生總是如此，不是嗎？富貴是比登天還難，出門隨手就會破財，就連在家上個網，都可能不小心刷卡，想剁了自己的手。

面對紫微斗數中的格局，該如何有基本的解讀能力

由前面的例子可以知道，其實許多書籍是斷章取義的，可能只是就原本文句上的標題，單純解讀好壞。一句「機月同梁作吏人」，就把「機月同梁格」一竿子打到只能好好當個上班族，甚至只能當公務人員，因為機月同梁的人要穩定，公務員就符合所謂的穩定的工作型態，這種說法好似公務員都在混水摸魚一樣，然而實際上許多國家的公務員工作可是相當繁重；或者說這類的人只能當幕僚，好像機月同梁格的人沒有創業發財的機會。

實際上，我們必須解讀這些格局的標題之下，還有許多小小註釋，這是華文古籍一貫的寫法，那些小字才是重點，並且還要搭配上每一顆星曜、每一種組合可能遇到的情況，或是

需要的特質才能真正成為那個格局會代表的事，並非一個大綱標題般的口訣，就代表這個格局組合的情況，這是因為許多人不了解古人寫書的習慣，因而產生錯誤的解讀。

因此，當我們看到各類格局時，一方面要思考這些組合中每一顆星曜本身具備的個性特質，要能夠富貴，當然就要將星曜的能力發揮到最大。例如紫微星要能夠在三方四正遇到吉星（左輔、右弼、天魁、天鉞）；天府星要能遇到祿存或化祿；太陽星要在旺位，最好還有文昌跟吉星，廉貞星要有祿存或與天府星同宮。

能夠形成所謂的大富貴格局，其實在星曜的組合中，必須同時具備每顆星曜最好的條件，同樣的星曜必須是最高等級，並且格局中如果說的「財富」是有錢、發大財，那麼至少要能夠在三方四正有祿存或化祿，而且要放在命宮、財帛宮才比較有用。如果說的「財富」是指富貴、貴氣，這類社會地位高的格局，那就要搭配化科、化權在相對應的宮位，最好在命宮跟官祿宮。若要更高一層的有錢、有地位，當然最好就是化祿、化權、化科通通都有，才能算是完整版的好格局。

當然，如果格局不好，像是什麼貧賤格的，那也要代表財庫的子女宮、田宅宮很差，或是本身格局組成的星曜裡，是那個星曜最差的狀態，例如天機星遇到煞、忌，然後福德宮也要很差，運氣宮位根本是破房子一間，才會成為書上說的貧賤，否則可能頂多是總會破財，買股票只會跌不會漲，找男人容易遇到花心的，但是，誰不是如此呢？絕大多數的人生路上都是坑洞比較多，因此初學者如果看到自己是所謂的貧賤格，其實不用太擔心。格局要可以被拿來當作參考價值，必須備足上面所有的條件才算數。更別說目前坊間的許多書籍中，其實有許多格局是硬湊出來的，也有些並非整體影響力那麼大的格局，例如所謂「坐貴向貴格」，說的是一生逢貴人，命宮在丑或者未，剛好天魁、天鉞會在命宮跟遷移宮。（圖六）

圖六／ 坐貴向貴

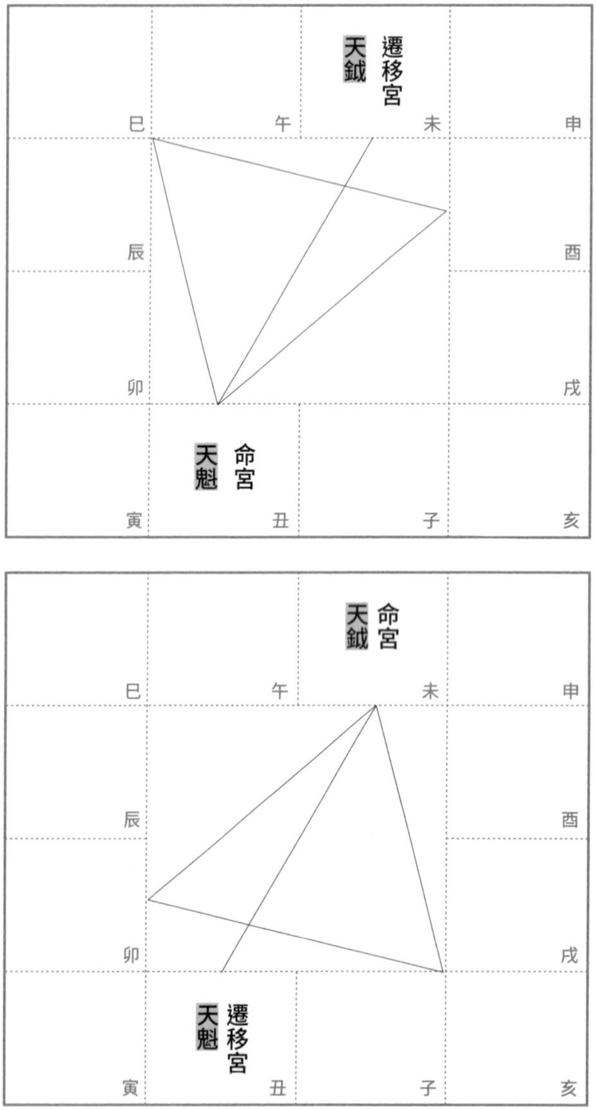

命宮裡有天魁、遷移宮有天鉞，這樣的人特質是很喜歡幫助人，這是所謂的自助而人助，因為願意幫助人，所以也會得到許多人的幫助。這聽起來很棒，但是其實還需要搭配整體命盤來分析。如果宮位內的主星狀況不好，幫的對象不對，反而善心做壞事，但是頂著一個格局的名號，我們也容易覺得這是什麼了不起的事情，沾沾自喜，然後忘記各類煞、忌的風險。這樣的格局就像我上課時常說的，身為台北天龍國人，繁忙的交通壅塞環境下，有個格局是我們嚮往的，那就是「命帶停車格」，這實在是讓人開心的事，只要生活在繁忙都市的人，都可以感受這個格局的好處。當然這是一個開玩笑的格局，而且就算真有「命帶停車格」，但是如果出門就遇到暴風雪，回家就踩到狗屎跟碎玻璃，那「命帶停車格」也沒用不是嗎？所以古書上的格局也是如此，我們需要分辨到底應該用在什麼地方，以及怎麼樣去用，才是在現代有真正實質意義的格局。

紫微斗數中各星曜害怕跟喜歡的基本組合

以下整理出紫微斗數中基本十四主星各自喜歡與不喜歡的組合。（圖七）

圖七／ 十四主星喜好表

主星	喜會	忌會
紫微	左右、魁鉞、昌曲	煞忌
天府	祿存、左右、昌曲、不怕煞	地空地劫、六親宮位
天相	左右、魁鉞、昌曲、紫微、天府、祿存	火鈴、天刑、忌、桃花
廉貞	左右、魁鉞、祿存	破軍、煞、昌曲
七殺	左右、魁鉞、昌曲、祿存	廉破、煞忌
破軍	左右、魁鉞	廉貞、煞忌、昌曲
貪狼	左右、魁鉞、火鈴	羊陀、忌、昌曲
武曲	貪狼、祿權、昌曲	七殺、破軍、火星
巨門	太陽對照、祿權	煞忌
太陽	祿存、三台、八座	落陷、地空地劫
太陰	左右、旺位	落陷、煞忌、昌曲
天同	左右、昌曲	煞、地空地劫
天機	左右、魁鉞、昌曲	煞、地空地劫
天梁	左右、昌曲、化科	化權

Chapter

2.

常見《紫微斗數全書》格局組合與所需要的條件分析

1.

夾貴夾祿格

夾貴夾祿少人知，
夾權夾科世所宜。

假如丙丁壬癸生，人在辰戌安命，魁鉞加夾更遇紫微天府日月權祿左右昌曲夾身夾命，是為夾貴富貴必矣，如甲生人身命丑卯而寅祿居中，是生成之祿尤為上格，其餘者，若甲寅乙卯庚申辛酉四位具同此格，如甲生人安命在子，廉貞化祿居限破軍化權居丑，是科權祿夾命定主富貴餘倣此。

這就是一般所謂「夾貴夾祿格」，或者「夾權夾科格」，命宮的左右宮位分別是父母宮跟兄弟宮，代表了父親的教養以及能夠給予的資源跟家世背景、母親能給的支持以及兄弟姊妹的幫助，如果在這兩個宮位出現化祿、化權、化科或是天魁、天鉞這類的貴人星曜，在古時

圖八／ 命宮在辰，左右有祿有貴人星，或者有權有科

巳 天梁 ＋祿存	午 七殺	未	申 廉貞
辰 紫微天相			酉
卯 巨門 天機（化權）			戌 破軍
寅 貪狼	丑 太陽太陰	子 武曲天府	亥 天同

圖九／ 身宮出現的宮位

子：午時生者	23：00～01：00 11：00～13：00	命身同宮
丑：未時生者	01：00～03：00 13：00～15：00	身宮在福德宮
寅：申時生者	03：00～05：00 15：00～17：00	身宮在官祿宮
卯：酉時生者	05：00～07：00 17：00～19：00	身宮在遷移宮
辰：戌時生者	07：00～09：00 19：00～21：00	身宮在財帛宮
巳：亥時生者	09：00～11：00 21：00～23：00	身宮在夫妻宮

候封建社會家世背景相對重要的年代，有這樣的組合自然是非常不錯。現在社會上我們也可以看到很多富二代、官二代，只是因為家世背景，人生的起跳點就比我們高上一百公尺，不過相對古代來說，現代社會不見得那麼需要這樣的條件。

至於身宮的角色，身宮會因為出生時辰在十二宮的其中六個宮位之一重疊，代表了我們一生所追求的價值，這六個宮位各自的夾宮其實都有不同含義，卻不見得是幫助我們賺大錢做大官的意思，身宮如果在夫妻宮，夾宮是兄弟宮跟子女宮，有化祿或貴人星，頂多是說自己家中教養條件不錯，長輩可能是自己的貴人，甚至自己的床上功夫還可以，這對於感情的追求當然有點幫助，但是對整體人生會有多大進展，其實還是需要多方考量。夾宮的概念，在古代那樣一個以群體價值為主軸的社會裡，比現在來說重要許多，現代社會個人主義至上，因為科技的發達，不見得需要那麼多群體的幫助，就可以獨立完成許多事，因此書上各類以夾宮為主軸的格局，其實在這個年代還是在於輔助的角色，可以當成是為主要大格局的加分。

2.

昌曲夾命格

夾月夾日誰能遇，
夾昌夾曲主貴兮。

假如太陽太陰在身命前後二宮，夾命不逢空劫羊鈴，其貴必矣，如昌曲夾命亦如之。

這裡說到日月夾命，有太陽、太陰各自在代表父母的父母宮跟兄弟宮當然很不錯，日月夾命本身是武曲星重要的格局「武貪格」條件之一，武曲貪狼本來就是武曲星裡算不錯的組合，加上父母親狀況不錯，所以天生條件很好，當然其貴必有。但需要注意傳統上的男女問題。

比較特別的是後面那一段，夾昌夾曲主貴兮，意思是如果是文昌跟文曲夾命也很不錯。文昌文曲夾命，也是因為父母親條件不錯，但是這裡還提及不逢空劫、擎羊、鈴星才算數，為什麼呢？因為如果本身條件不錯，父母親給自己的家世背景不錯，自身卻固執，或是算計過多，反而很容易變得驕縱，養成不好的性格。

圖十／　日月夾命宮

紫微七殺　巳	午	未	申
天機天梁　辰			廉貞破軍　酉
天相　卯			戌
太陽 巨門　寅	武曲貪狼 命宮　丑	天同 太陰　子	天府　亥

圖十一／　昌曲夾命宮

巳	午	未	申
辰			酉
卯			戌
文昌　寅	命宮　丑	文曲　子	亥

3.

雄宿乾元格

廉貞七殺反為積富之人

廉貞屬火七殺屬金，是火能制金為權，如貞居未，殺居午身命遇之，奇格也，反為積富，或陷地化忌下格賤命。

這是廉貞星或七殺星著名的格局，因為古書斷句不清楚的緣故，所以版本很多，其實是說廉貞在未的位置，剛好會是廉貞七殺同宮，廉貞會控制住七殺，如果再加上足夠的化祿，或是七殺星在命宮並且在午的位置，癸年生的人讓對宮的天府遇到祿存，而剛好廉貞星會在福德宮，並且是丑、未時出生的人，身宮會在福德宮，這兩種組合的人可以稱為「雄宿乾元格」。

這一類的人只要三方四正遇到的化祿、化

權足夠，通常能力好，在紀律部隊或是司法金融方面，都會相當有成就，並且因為廉貞有可以慢慢累積財富的特質，無論是在命宮或身宮，都有這樣的影響力，所以被稱為很好的格局，通常會在中年後有不錯的事業發展跟身價，但這是因為無論是廉貞出現化祿或祿存，會有積蓄財富的意思，或者是七殺單一一顆，對宮是武曲天府同宮，遇到武曲化祿或祿存，都可以讓天府出現財庫的概念。至於「陷地化忌下格賤命」，則是古人認為一個人如果太追求財富，就是品格不佳的形容，反正明清兩代總是充斥著一種愛錢又不敢承認的社會氛圍。

圖十二／ 廉貞七殺同宮在未

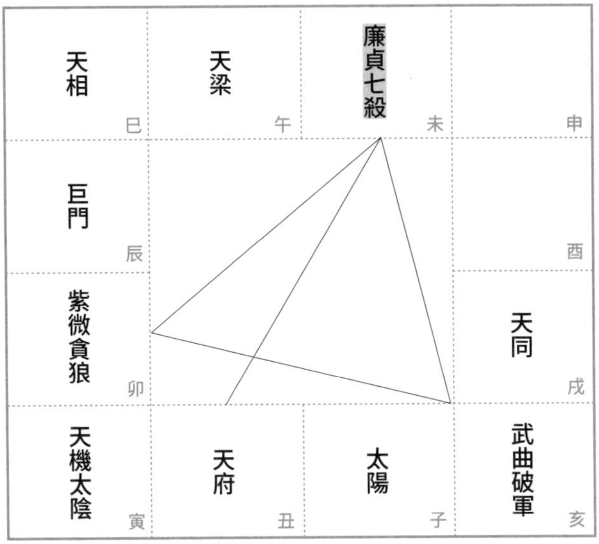

圖十三／ 七殺坐命宮在午，廉貞坐福德在申，並且為身宮

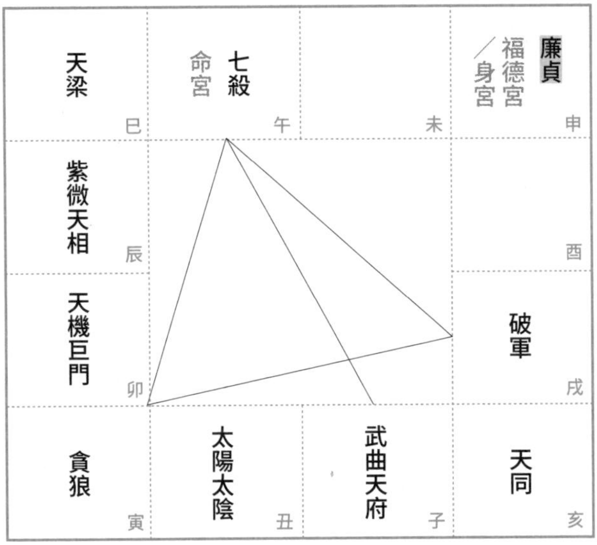

4.

武貪格

先貧後富武貪同身命之官。

假如命立丑未二星同宮，蓋武曲之金尅貪狼之木，則木逢制化為有用，故先雖貧而後方富貴，又或得三方有昌曲左右等星拱照，主貴限逢科權祿則貴顯至矣。

這是武曲星著名的「武貪格」，簡單有力又好記的名字，吸引很多初學者注意，但卻忘了註釋裡面很清楚說到，要先貧後貴，還要三方有昌曲、左右拱照。要注意這裡說的是三方，沒有提到四正，因為對宮的昌曲不算。

武曲貪狼同宮的時候，對宮一定是空宮，「武貪格」之所以會有賺大錢的機會，重要的條件就是因為對宮是空宮，當對宮是空宮，星曜可以借到對面去，所以只要武曲貪狼其中一

圖十四／ 武貪格

紫微七殺 巳	午	未	申
天機天梁 辰			廉貞破軍 酉
天相 卯			戌
巨門太陽 寅	武曲貪狼 丑	太陰天同 子	天府 亥

天府 巳	太陰天同 午	武曲貪狼 未	巨門太陽 申
辰			天相 酉
廉貞破軍 卯			天機天梁 戌
寅	丑	子	紫微七殺 亥

個化祿，因為借星曜到對宮，馬上變成兩個祿，成為雙祿交馳，裡裡外外都是賺錢的機會跟能力。更何況己年生的人武曲化祿貪狼化權，有機會變成兩個祿兩個權，當然是相當不錯。但是如果對宮有文昌文曲，武曲貪狼就不能借過去，當然就少了很多的機會跟力量。而且上面也很清楚地告訴我們，還需要搭配化祿跟化權，才能真正有富有貴發大財。

5.

七殺朝斗格

七殺朝斗爵祿榮昌

假如寅申子午四宮安身命，七殺值之是也，亦要左右魁鉞昌曲坐照，相合一生富貴榮華，或遇吉限尤美，若加煞不是。

這就是著名的「七殺朝斗格」，也就是傳說台灣首富郭董的格局。原文說的是七殺可以在命盤上的寅申位或是子午兩個宮位，但是目前通俗認定的都是寅申這兩個位置，在寅為七殺朝斗格，在申為七殺俯斗格。其實後面那一句才是重點，要有左右魁鉞昌曲坐照，就是要能夠有這些吉星在同宮或對宮，這樣才算數。

為何三方的不算呢？因為要搭配這個組合，對宮一定是紫微天府同宮，而紫微星必須有吉星幫忙，否則就是個缺人手、沒團隊的皇帝，

如果是在財帛宮跟官祿宮拱的位置，這些吉星不會幫到紫微星，比較不容易形成正式的格局。（圖十六）

圖十五／　七殺朝斗格

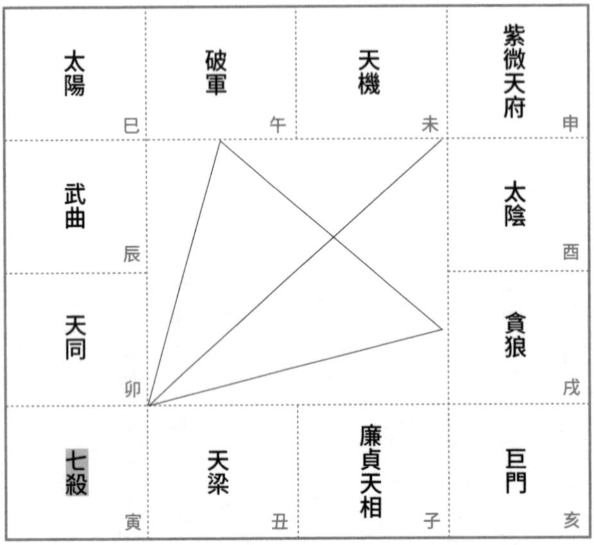

最後一句說的就是，即使這些條件都符合了，還需要有好的運勢。好的機會跟時間，說的就是雖然本命盤有這個條件，但還是要在運限盤上遇到化祿跟化權，才可以完全發揮出效果。

圖十六／宮位拱的位置

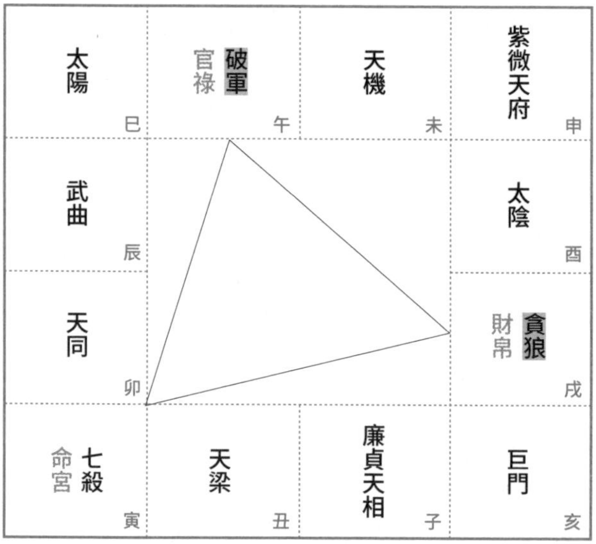

6.

紫府同臨格

紫府同宮終身福厚。

如寅申二宮安命值紫微天府同宮，三方有左右魁鉞拱照，必主富貴終身福厚，甲生人化吉極美。

由這個格局來對應前面的「七殺朝斗格」就會更明顯，但重點還是在於紫微星是否遇到吉星。

這裡說的就是三方有左右魁鉞拱照，不是前面七殺朝斗所說的坐照，「坐」是同宮的意思，「照」是在對宮，所以七殺朝斗的吉星只能在同宮跟對宮，這裡卻是三方拱照，就是三方四正通通都可以，因為這個格局本身就是紫微當命宮，不會有七殺朝斗如果吉星在拱的位置，吉星無法幫助紫微星的問題。

當然，也由此可以看出來，所謂格局在成立的條件上，其實就是各星曜的最佳狀態，紫微星的重點是要遇到有吉星幫忙，一旦有吉星幫忙，自然就會成為一個好的格局，單純看紫微星在哪個位置，其實並不能成為正式的好格局。

圖十七／紫府同臨格

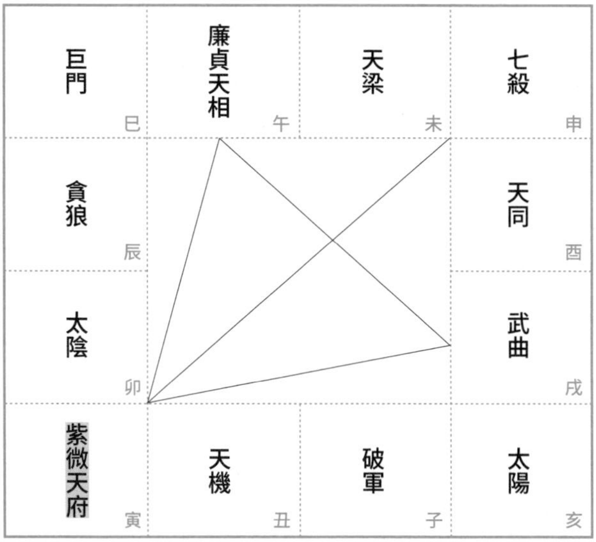

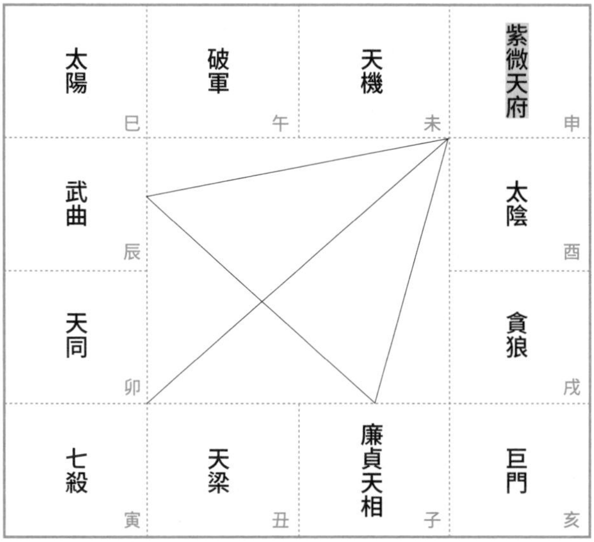

7.

三吉加會格

科權祿拱名譽昭彰。

此為三化吉星如身命坐守，一化財帛官祿宮，二化來合是，三合守照謂之科權祿拱是也，如左有位至三宮。

紫微斗數中常說到的六吉是六吉星，三吉通常是指化祿、化權跟化科，但這是因為星曜產生的變化，跟六吉星的意義其實完全不同，而三吉加會一般說的就是化祿、化權跟化科同時出現在三方四正之內，可以稱為三吉加會。至於這裡說的「位至三宮」當大官，就一定要在官祿宮、財帛宮這種地方才算，所以很清楚地說一化財帛官祿宮，最好是在財帛跟官祿宮。二化來合是，次一等的可以是暗合宮過來的。

如左有位至三宮，要具有上述這些條件才

圖十八／　暗合宮

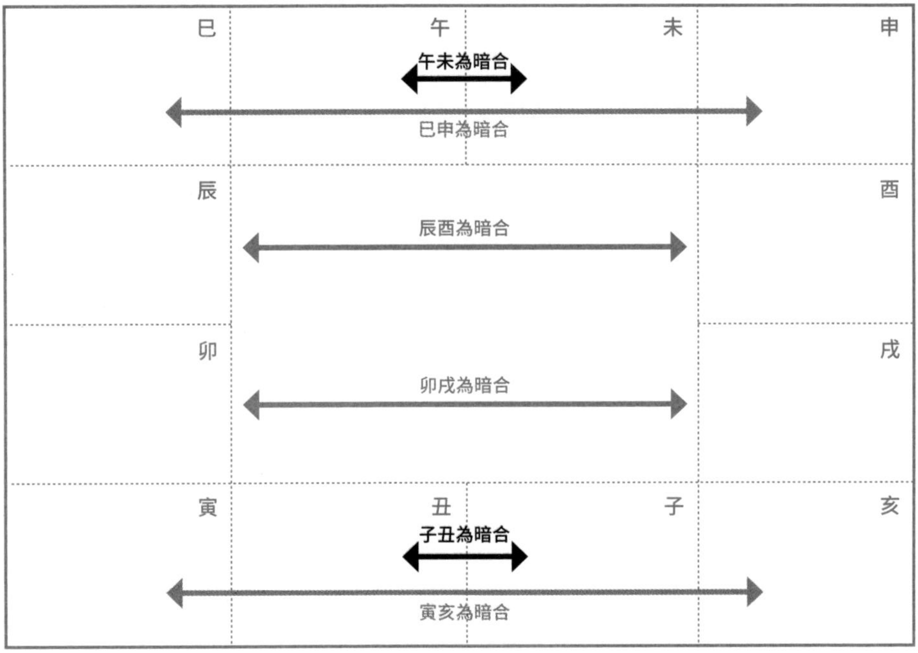

能當大官發大財，就是因為要對應相關宮位，否則不算數。這也是為何前面提到，看到各類發大財的格局最好都要有化祿或祿存。當大官或現在的說法是大公司的高層，也最好要搭配化權跟化科，有權利跟名聲地位。既然在這個格局組合裡根本連主星都沒有提到，其他的好格局組合裡除了主星，還特別提到要好運，說的就是在好的運限時間點，要遇到這些化祿、化權跟化科。可以想見，好格局其實需要這些化祿化權來搭配才算數。

8.

武貪百工之人

武曲廟垣威名赫奕。

假如辰戌二宮安身命值定上格，丑未安命次之，宜見權祿左右昌曲吉星則依此斷。

這是常被人搞混的另一個「武貪格」，一般「武貪格」會說是武曲在丑位、未位武曲貪狼同宮，這個則被稱為百工之人，就是指專業技術的工匠，但是在這裡要說是所謂百工之人比較好，為上格，其實就是因為武貪同宮的通常會成為商人，在古代來說還不如工匠。同樣的，這裡也提到，要遇到化祿或化權還有吉星才算數。

圖十九／ 武貪對拱

巨門 巳	廉貞天相 午	天梁 未	七殺 申
貪狼 辰			天同 酉
太陰 卯			武曲 戌
紫微天府 寅	天機 丑	破軍 子	太陽 亥

太陽 巳	破軍 午	天機 未	紫微天府 申
武曲 辰			太陰 酉
天同 卯			貪狼 戌
七殺 寅	天梁 丑	廉貞天相 子	巨門 亥

9.

日月同臨格

日月同臨官居侯伯。

假如命安丑宮日月在未，命安未宮日月在丑謂之，同臨是也訣云日月同臨論對宮丙辛人遇福興隆。

太陽太陰會同宮在丑，但是命宮在對宮為空宮，或是太陽太陰在未，但是命宮空宮在丑，這說明了紫微斗數中的空宮當命宮並不可怕。許多紫微斗數中的好格局，其實都是命宮空宮，但是現在卻有很多書把命宮空宮寫得很嚇人，這完全是違反古書的說法。

這裡命宮空宮才能成為格局，是對應太陽太陰這樣的庇蔭星，都會有個特質是「喜照不喜坐」，就是指喜歡在對宮，外面有個太陽太陰（月亮）照護著我們，在命宮則是自己要去當太陽跟月亮，比較辛苦。丙年生的人，剛好天同會化祿，此格局坐命且命宮在未者，官祿宮天同化祿，並且會有祿存星在對宮巳的位置，會形成官祿宮雙祿交持，對於重視工作地位成就的人來說當然不錯；辛年生的人則剛好福德宮會有祿，並且福德宮的巨門會化祿，算是很好的福德宮，賺錢輕鬆容易。所以，所謂「日月同臨格」其實需要這些相當複雜的條件。

圖二十／ 日月同宮在丑，命宮在未宮

天梁（巳）	七殺（午）	命宮（未）	廉貞（申）
紫微天相（辰）			（酉）
天機巨門（卯）			破軍（戌）
貪狼（寅）	太陽太陰（丑）	武曲天府（子）	天同（亥）

圖二十一／ 日月同宮在未，命宮在丑

天同（巳）	武曲天府（午）	太陽太陰（未）	貪狼（申）
破軍（辰）			天機巨門（酉）
（卯）			紫微天相（戌）
廉貞（寅）	命宮（丑）	七殺（子）	天梁（亥）

10.

鈴貪格

貪鈴並守，將相之名。

假如辰戌丑未子宮安命值之是為入廟依此斷，如加吉惟子辰二宮坐守尤佳，戊己生人合格。

這是紫微斗數中著名的「鈴貪格」，有迅速竄紅並且得到名聲地位的特質。一般的說法是貪狼星只要跟鈴星在一起就算數，這或許是因為鈴貪格的解釋太迷人，所以大家都很希望可以擁有。另外，有許多人無法分辨的是，許多時候貪狼會跟其他星曜同宮，這些雙星的組合中，貪狼如果遇到鈴星到底還算不算「鈴貪格」？其實所謂速發的「鈴貪格」，是因為貪狼的慾望跟能力搭配上鈴星的謀略跟細心計畫，所以造成很好的格局，這也是為何會需要特別在子跟辰這兩個位置，因為這兩個位置的貪狼都算不錯，並且還要是戊年或己年生，因為這兩個年分，貪狼不是化祿就是化權，當然就會形成好的機會跟能力。

至於雙星組合的貪狼算不算「鈴貪格」？依照雙星的結構，雙星的時候，貪狼都是在輔佐的位置，所以只能說是一個具備鈴貪格特質的貪狼在幫忙另外一個主星，並不能算是正式的「鈴貪格」。

圖二十二／ 鈴貪格，貪狼在子、辰兩個位置

貪狼在子

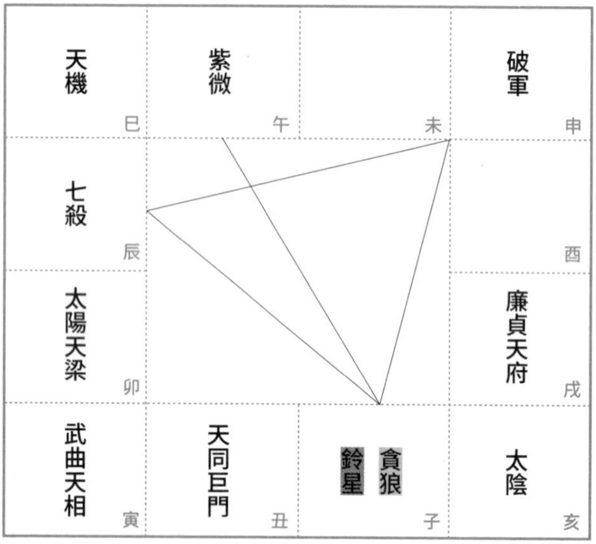

貪狼在辰

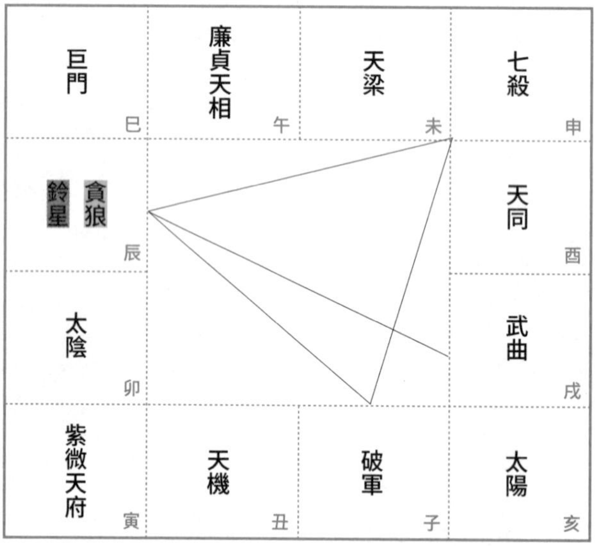

11.

坐貴向貴格

天魁天鉞蓋世文章。

如身命坐思對宮天鉞，身命坐天鉞對宮天魁是謂坐貴何貴，更會吉化其貴必然矣。

這一類沒有主星的格局，通常也是幫忙、輔助的概念，就是主星組成的格局中，如果再加上這些幫助型的格局，可以增加更多能力。但是這樣的寫法常常讓人誤以為只要有了這些輔星的格局就很好。其實這些輔星造成的格局，可以把它當成替車子加上高級音響，裝上渦輪增壓，這只是增加了車子本身的能力，並非絕對地增加價值，如果原本的車子是輛中古破車，渦輪增壓再怎麼加也是有限。所以這樣的說法很容易讓人誤解，以為有這個組合的人就會有很多貴人，卻常常不準確，也造成了坊間對於這個組合的許多爭論。其實那是因為沒有用紫微斗數的基本架構去思考。

紫微斗數的基本架構中，星曜的價值跟解釋是依照在哪個宮位來定義，所以天魁天鉞在命宮，其實是說自己是那個天魁天鉞，並不是自己有很多貴人天魁來幫忙。自己是天魁，所以個性上相對來說比較喜歡幫助人，當然也容易讓自己累積人緣，有貴人出現。

圖二十三／ 坐貴向貴格

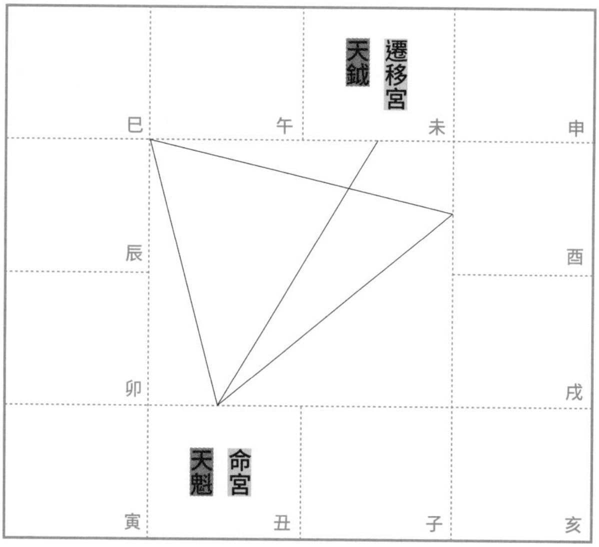

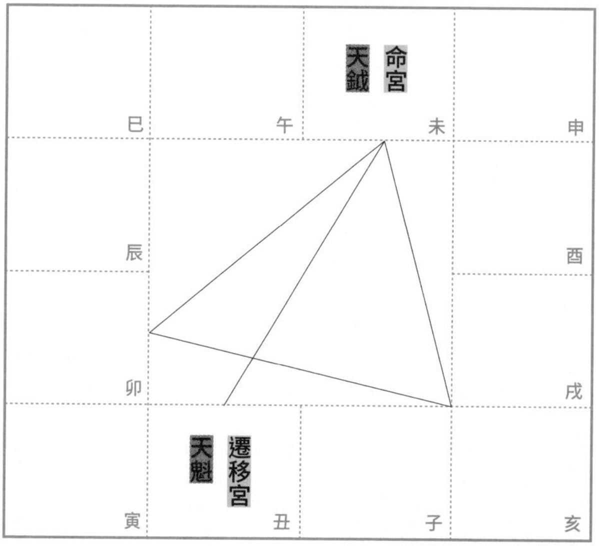

附註：有些流派是天魁天鉞顛倒

12.

火貪格

貪狼火星居廟旺，名鎮諸邦。

如辰戌丑未四宮安命值此上格三方吉化拱照尤美，如卯宮安命無殺次之，如羊陀劫空不是。

這個「火貪格」，跟前面「鈴貪格」說的一樣，是快速爆發的成長，也是貪狼星著名的格局。比較特別的是，它的組成機率比較高，在辰戌丑未四個位置都算數，在卯的位置跟紫微同宮的也算，但是一樣需要在三方四正中有吉星幫忙，也要有化祿或化權、化科。

雖然條件比較容易，但是也有個缺點，就是容易快速爆發也可能快速倒塌，因為搭配的是火星而不是鈴星，在發展過程中少了深思熟慮，憑的只是一股衝動跟熱情。

圖二十四／ 火貪格——在辰戌丑未

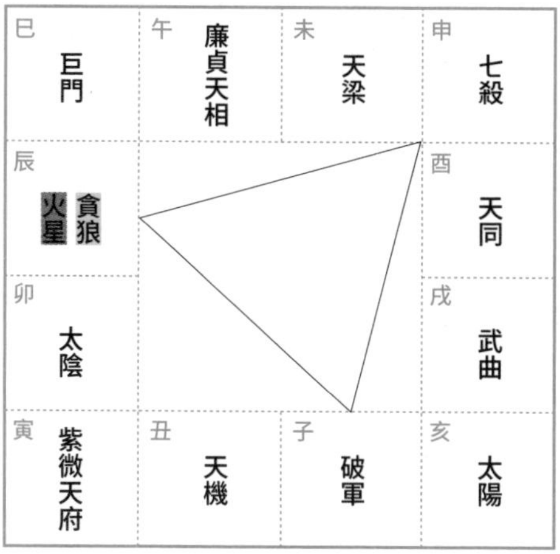

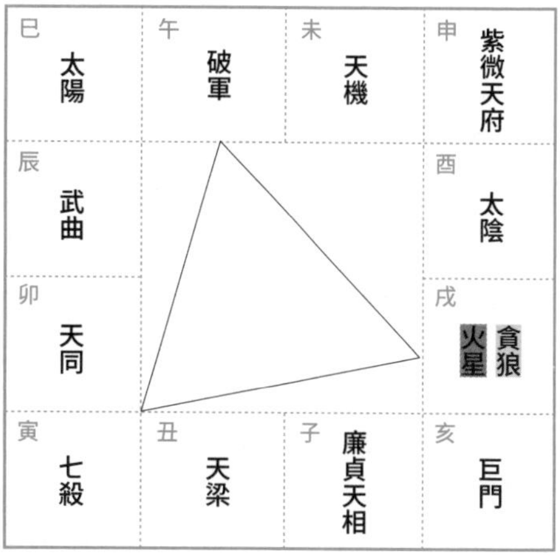

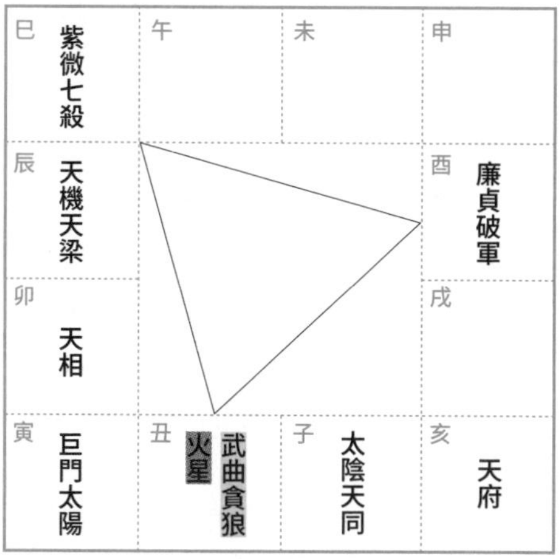

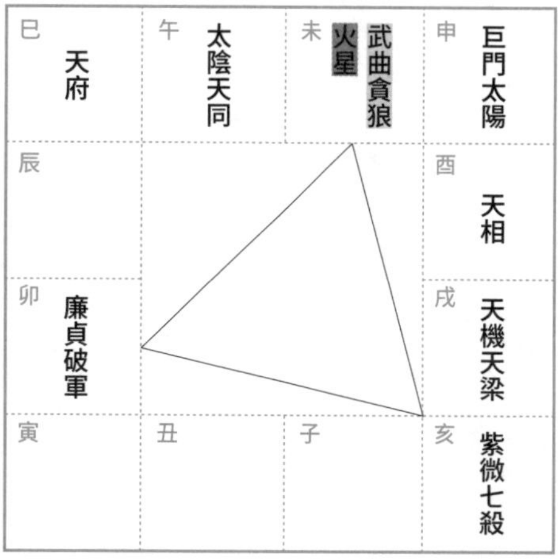

圖二十五／火貪格二在卯

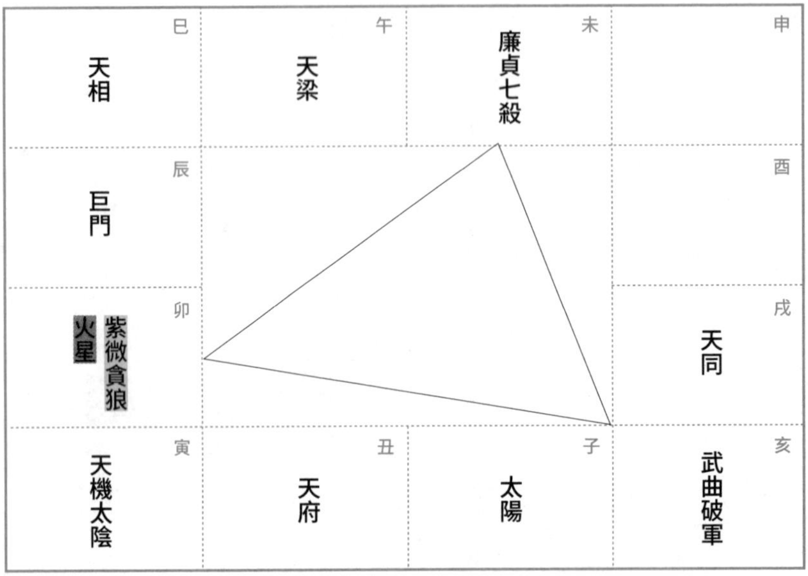

13.

紫府朝垣格

紫府朝垣食祿萬鍾。

如寅宮安命午戌宮紫府來朝，申宮安命子辰二宮有紫府來朝，是為人君訪臣之象吉格也，更遇流祿巡逢必然位至公卿如七殺在寅申坐者亦為上格，加四煞加化忌為平常人也。

這類的格局其實還有另外一個，叫作「府相朝垣格」，官祿跟財帛剛好一個是天府，一個是天相，所以這個「垣」字說的就是命宮。無論是紫府朝垣，或是府相朝垣，都是因為紫微星必須遇到三方四正有吉星，天府星還要遇到有祿存或化祿形成財庫的狀態。一個人工作上有領導才能還有人幫忙（紫微星遇到吉星在官祿宮），理財能力又好（財帛宮有天府星，加上祿存是財庫星在財帛宮），當然會有很好的事業跟理財能力與條件。不過是不是真能食祿萬鍾，上班可以領高薪，還是要看運限是否有相對應的機會，所以才說「更遇流祿巡逢必然位至公卿」，可以發大財當大官了。

圖二十六／ 紫府朝垣格，命宮在寅跟申，剛好紫微天府各自在官祿宮跟財帛宮

命宮在申

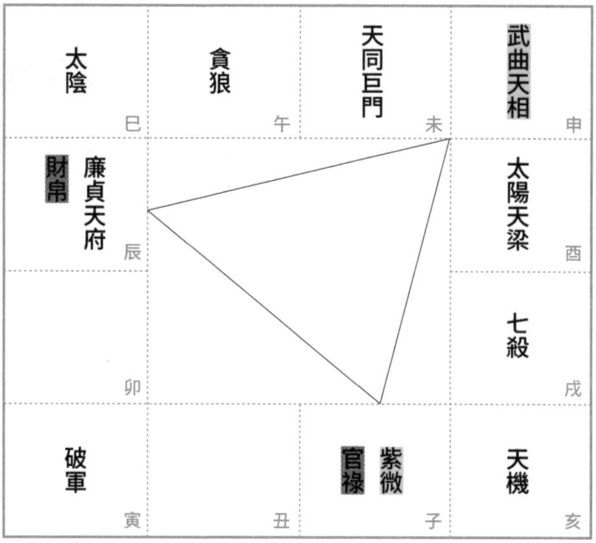

命宮在寅

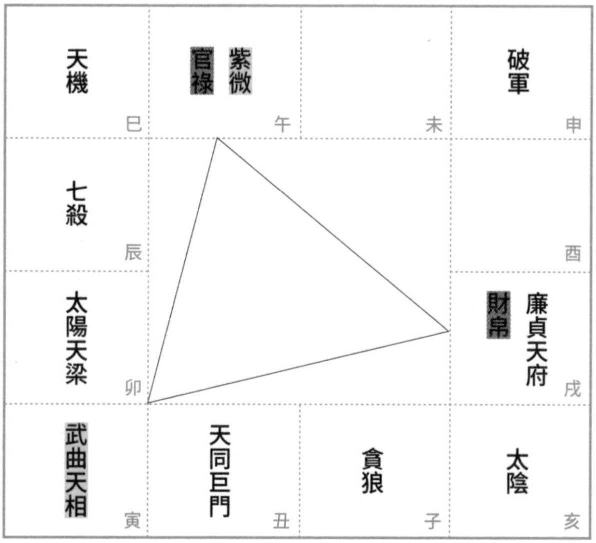

14.

科權對拱

科權對拱躍三汲於禹門。

科權二星在遷移財帛官祿三方對拱是也，或命宮有科權祿三方守照無煞亦然。

圖二十七／科權對拱

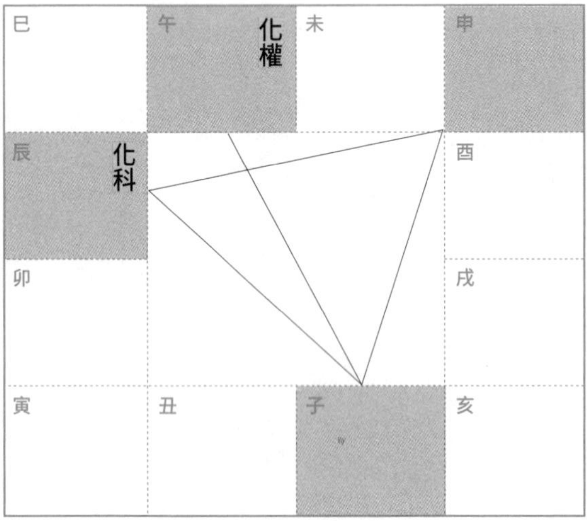

15.

日月並明格

日月並明佐九重於堯殿。

如安命丑宮日在巳月在酉來朝照為並明，辛乙生人合格，如丙生人生貴、丁生人主富，如四煞空劫忌平常。

這兩個格局說的都是適合在大企業大公司上班的特質，汲於禹門（幫大禹做事情）佐九重於堯殿（幫聖人帝王做事情）這兩句突顯出，古人寫書很喜歡讓條文工整對仗，最好還押韻，方便好背，但是也說出一個比較少被看到的特質：這裡所說兩個帝王都是古代神話中的聖人，能夠在聖人面前做事情，表示這個人品格高尚。

所以，科權對拱這個格局，重點在於化科，重視自己的名聲，因此不能有煞星，否則就會為了博得名聲而做出不好的事。

另一個日月並明，說的是太陽跟太陰剛好在官祿宮跟財帛宮，而且都是剛好在旺位，太陽跟月亮都會發亮。而且還要辛乙年生的人才算數，因為辛年生的人剛好有個祿存在財帛宮跟太陰星一起，這個人通常是清廉而且可以穩定理財的。乙年生剛好有個祿存在財帛宮的對宮，對宮剛好是天同星，乙年生太陰會化忌，剛好讓天同不會太懶惰。所以這個組合必須搭配這個人不是太愛錢，才能受到老闆的提拔。

當然最後也告訴我們，丙年生的有祿存星在官祿宮和太陽星放一起，財帛宮對面的天同星會化祿，這樣的人在工作上願意照顧人，也能透過好人緣增加來財方式。丁年生財帛宮的太陰星化祿，官祿宮對面的巨門星會化忌，同樣的具備穩定理財的能力，同時工作內心的不安能督促他在工作上好好努力。如四煞空劫忌平常，因為加上這些人可能看來沒有那麼清廉討人喜歡，當然受老闆賞識的機會也不會那麼高。

圖二十八／ 日月並明，太陽在巳．太陰在酉

巳 太陽	午 破軍	未 天機	申 紫微天府
辰 武曲			酉 太陰
卯 天同			戌 貪狼
寅 七殺	丑 天梁	子 廉貞天相	亥 巨門

16.

機月同梁格

機月同梁作吏人。

此四星必身命三合曲全方，准刀筆功名可就，加煞化忌下格，訣云寅申會同梁機月必定作吏人，若無四星三者難成。

這是著名的「機月同梁格」，通俗的解釋是當個小官，其實更接近是小職員。小官跟小職員的差異，在於古代只要在公務部門都算是官，但是在現代，公家機關的公務員並不算是官，只是一般的小職員而已。會當官還是當小職員，差別在於是否遇到化祿、化權跟化科。什麼都沒有就是平凡人，有化祿化權化科，搭配吉星，表示有機會在大公司或公家機關升到一定位置，因為這些主星都需要有化祿、化權跟化科還有吉星，才能發揮比較大的力量。而

圖二十九／ 機月同梁格

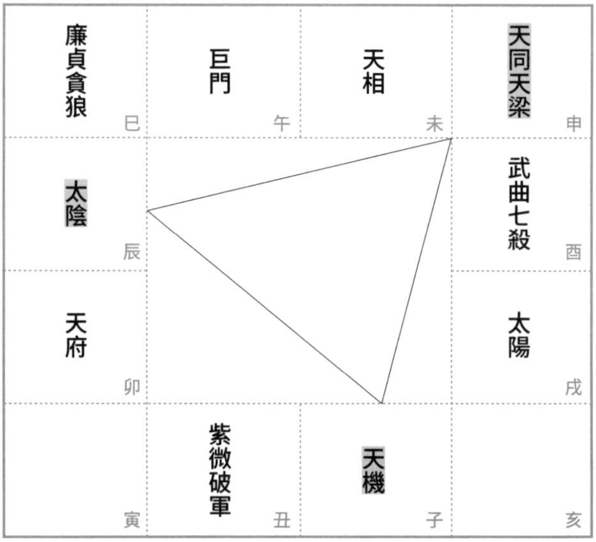
廉貞貪狼
巳
巨門
午
天相
未
天同天梁
申
太陰
辰
武曲七殺
酉
天府
卯
太陽
戌
寅
紫微破軍
丑
天機
子
亥

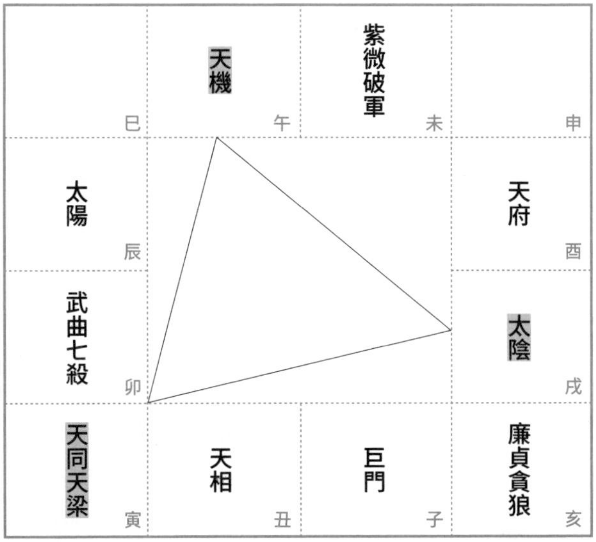
巳
天機
午
紫微破軍
未
申
太陽
辰
天府
酉
武曲七殺
卯
太陰
戌
天同天梁
寅
天相
丑
巨門
子
廉貞貪狼
亥

且天機、天梁、太陰、天同這四個星曜一定要在三方四正內全都有，缺一個都不行，因為這算是會唸書的組合。

如果太陰當命宮，官祿宮會是天同天梁，博學、重視教育而且個性善良會照顧人；天同天梁當命宮，官祿宮會是天機星，善於思考跟博學；天機星當命宮，太陰在官祿宮，本身懂得思考，工作上又善於照顧人，這樣的人不是適合透過考試來升遷，而且在大企業裡面好好努力嗎？所以才說「准刀筆功名可就」，因為會考試唸書，加煞化忌為下格，這些星曜的善良加上煞忌，會少了個性的柔和，其實並不適合在大公司工作，但說是下格就太過頭了。

17.

日照雷門格

日照雷門富貴榮華。

卯宮安命太陽坐守更三方左右昌曲魁鉞守照富貴不小，甲乙庚辛生人合格，加刑忌四殺亦主溫飽。

太陽在卯的位置，剛好會跟天梁同宮，而且所在位置是太陽剛升起來的時間點，少了太陽太刺眼，會讓人覺得太過炎熱不舒服的問題，搭配上天梁星願意助人跟博學的特質，基本上就具備了好的條件。這個太陽比較溫暖，所以不需要前面說的，太陽最好是喜照不喜坐的條件，但是一樣可以發現需要有吉星跟文昌文曲搭配，加上文昌星還可以形成另外一個很好的格局「陽梁昌祿格」，太陽、文昌、天梁還有化祿或祿存，在太陽的三方四正之內，這個日照雷門如果加上文昌星，本身雖然沒有化祿或祿存，也會有運限給它，所以還是有機會成為陽梁昌祿。

一個人若有領導能力，會照顧人，還有文思筆墨的能力，最後無論是太陽化祿領導才能爆表，或是天梁化祿運氣人緣特別好，當然都可以在事業上有不錯的發展，所以才會說甲乙庚辛生人合格，因為甲年太陽化忌會要求自己，乙年卯的位置有祿存，辛年酉的位置有祿存剛好在卯的對宮，庚年太陽會化祿。

圖三十／ 日照雷門格

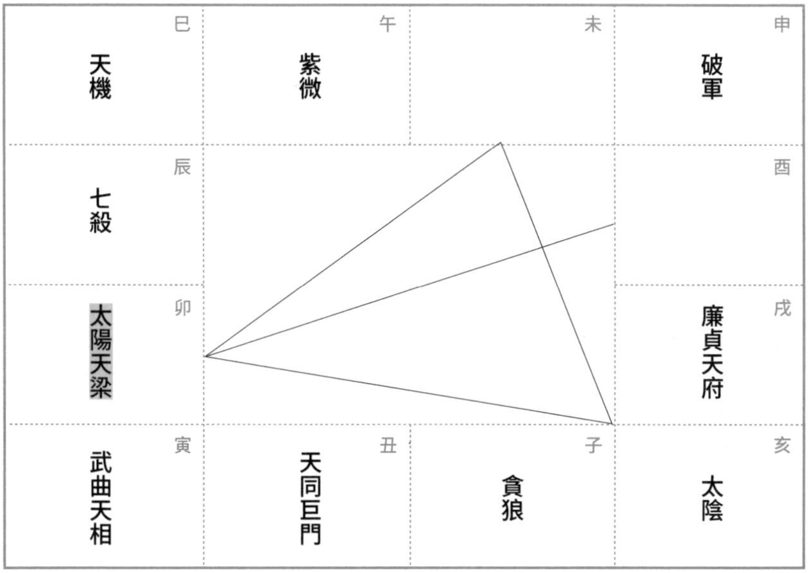

18.

月朗天門格

月朗天門進爵封侯。

亥宮安命太陰坐守，更三方拱主大富貴，無吉亦主雜職功名，丙丁生人主貴，壬癸生人主富。

這是太陰星著名的格局，也是傳說中馬前總統的格局，重點一樣是需要三方有吉星幫助，丙年生剛好對宮遷移宮會有祿存，人緣不錯；丁年生則是因為太陰會化祿，對宮的天機會化科，所以會有不錯的社會地位；壬年生祿存會在亥；癸年太陰化科懂得理財。

但這裡沒說的是，太陰星和天機星在紫微斗數的設定中其實是害怕煞忌的，如果遇到煞忌，這個格局就不成立了，所以古書上所說的，其實我們需要將前後條件搭配使用，否則看一

圖三十一／ 月朗天門格

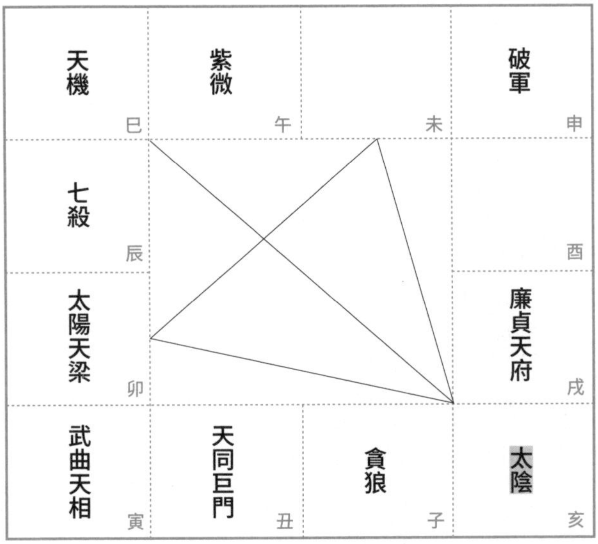

句學一個往往會顧此失彼，這也是容易造成學習上有時候準有時候不準的原因。

19.

祿空倒馬格

祿倒馬例忌太歲之合劫空。

如祿馬臨敗絕空亡之地，而太歲流年復會地劫天空，主駁雜災悔發不住財之論。

祿存星本來是一顆專門幫助主星的星曜，可惜它的順時鐘往前一格一定是擎羊，逆時鐘一格一定是陀羅，兩旁邊都有煞星存在。如果祿存所在的宮位又沒有主星幫忙，常常會讓那個宮位所代表的事情沒有安全感，例如在夫妻宮，會對感情沒有安全感。天馬星代表奔波，如果天馬跟祿存放在一起，這個宮位讓人奔波不已又沒有安全感，往往容易造成無力而心神不寧，如果再加上地劫，天空（古書上寫天空，但是現在通常都寫成地空，而目前一般的排盤軟體或 APP 上的天空星則有另外的意思），更

圖三十二／ 祿空倒馬

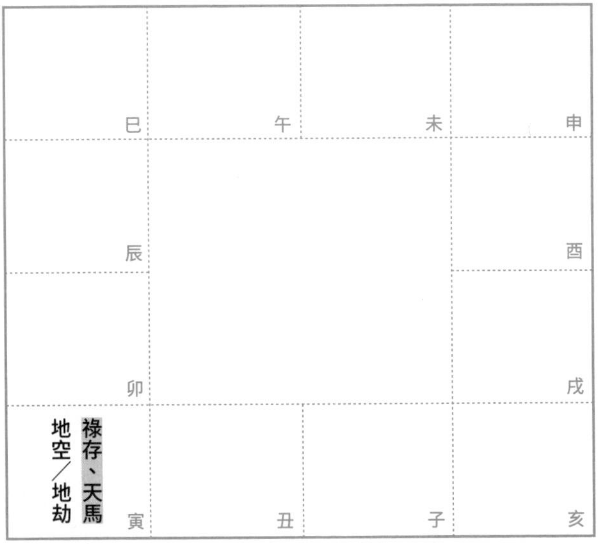

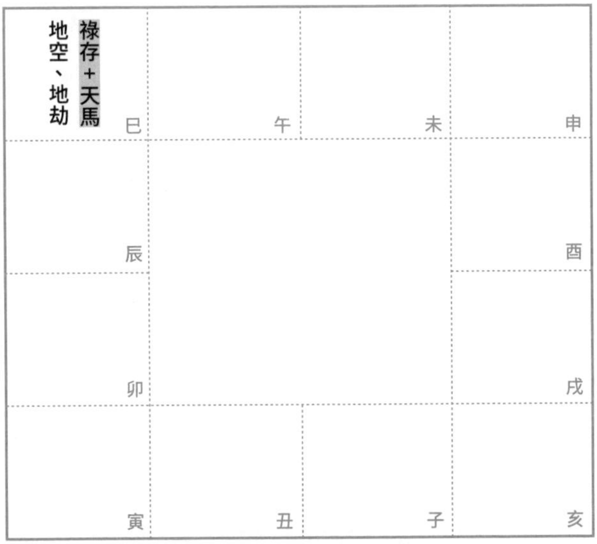

寅申位的空劫會對拱；巳亥位的空劫會同宮。

有環境不給力的問題（關於地劫天空星，可以參看我的教學影片或是部落格文章），當然會有讓人心灰意冷感到難受的情況，更嚴重一點的，也可能該宮位代表的事情變得一事無成。

20.

極居卯酉格

極居卯酉多為脫俗僧人。

紫微為比極如坐守命宮加殺定主僧道，無殺加吉化左右魁鉞主貴。

極是北極星的意思，紫微斗數中的紫微說的就是北極星，紫微星在卯或酉的位置，再加上煞星，會出家修行，是因為紫微在卯一定會跟貪狼同宮，一個懂吃懂喝懂玩樂又需要受到尊重的皇帝，如果再加上煞星，會有放縱自己過頭的問題，但其實這個人本身的能力跟條件都不錯，這樣的人格特色，讓他的一生會從放縱到慢慢去探究自己的人生，加上貪狼博學的能力，讓他會往宗教與身心靈方面去追求，倒不見得是真正出家。

但是有個重要的條件是必須有煞星，只是

一般書籍或初學者很容易把這個位置的人直接當成會出家，但是哪來那麼多愛出家的人呢？更別說後面其實還有一句，無殺加吉化，沒有煞星還遇到化祿、化權、化科，再補上紫微星喜歡的左右魁鉞，表示這個人會有不錯的社會地位。是不是化祿、化權、化科很重要，紫微星有人幫忙很重要呢？

圖三十三／ 極居卯酉格

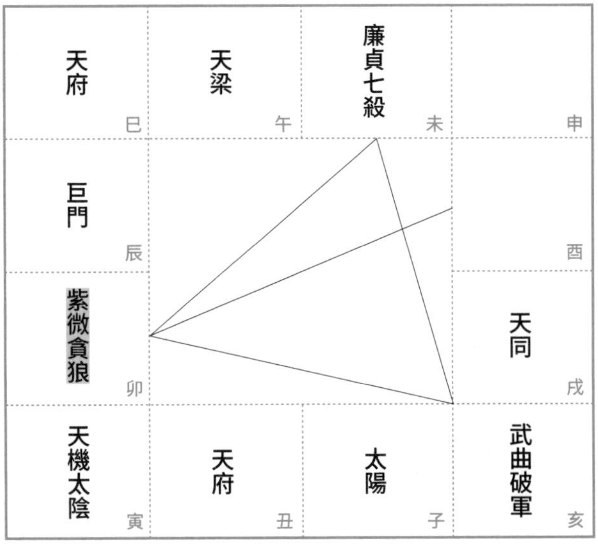
天府
巳
天梁
午
廉貞七殺
未
申
巨門
辰
酉
紫微貪狼
卯
天同
戌
天機太陰
寅
天府
丑
太陽
子
武曲破軍
亥

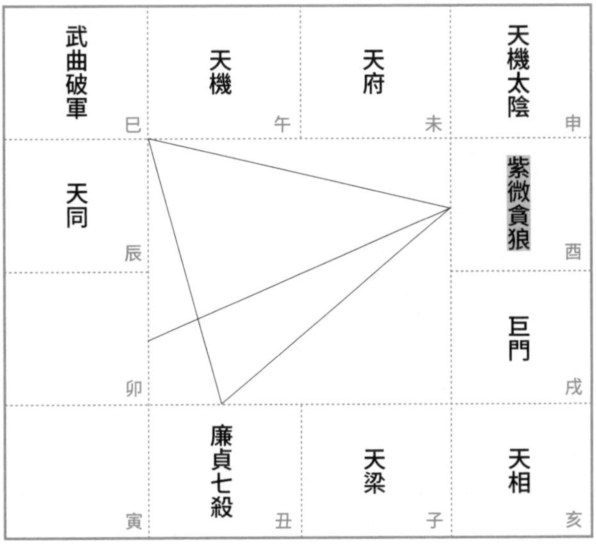
武曲破軍
巳
天機
午
天府
未
天機太陰
申
天同
辰
紫微貪狼
酉
卯
巨門
戌
寅
廉貞七殺
丑
天梁
子
天相
亥

21.

馬頭帶劍格

馬頭帶劍，非夭折則主刑傷。

擎羊在午守命卯次之酉又次之為羊刃落陷是也，寅申巳亥四宮陀羅守命亦然加辰戌丑未不忌。

擎羊星在命宮，並且在十二宮午的位置，這是最正式的，所謂馬頭說的就是午在十二生肖中是屬馬的意思，所以才叫「馬頭帶劍」。說的是有這樣組合的人容易有許多挫敗，甚至是身體上的傷害，有的說法是它必須是空宮，有的說法是不管空不空宮，都會有這樣的格局，這表示即使不是空宮，人生可能也很不順利。我的用法是不管是否空宮。

這個格局其實很好理解，擎羊星在命宮的人，個性本來就比較固執，堅持己見，這樣的

圖三十四／ 火貪格，擎羊在午、卯、酉

擎羊在午位（最正式）

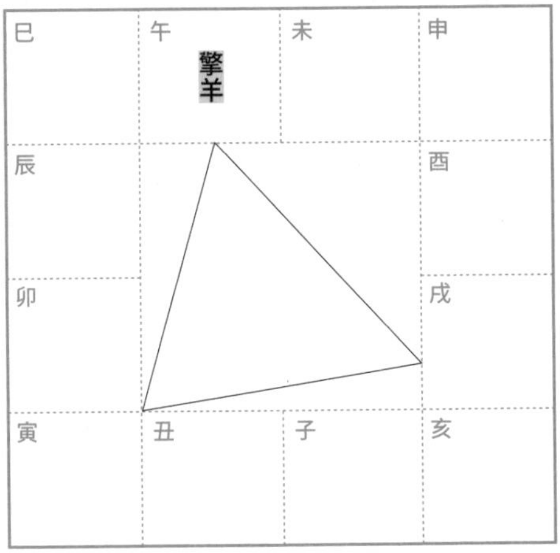

擎羊在卯位（次之）

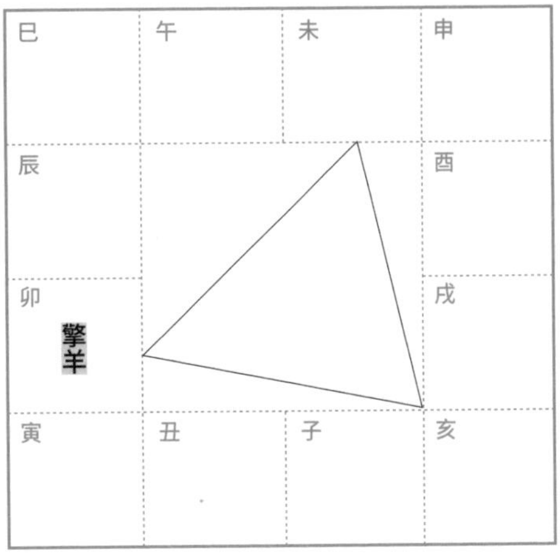

擎羊在酉位（再次之）

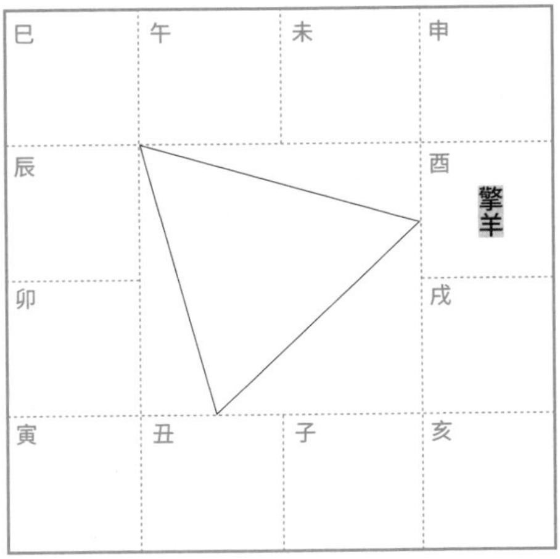

人如果再搭配上主星的問題，而且是在命宮，當然人生就容易產生許多問題。如果是陀羅在命宮，剛好福德宮就會是擎羊，這個人的個性因為陀羅很糾結，但是自己的靈魂價值觀與心靈狀態，又像擎羊般固執跟對事情有所堅持，肉體個性很糾結，但是靈魂精神很衝動，這樣的人生當然很痛苦啊！更別說，還有主星的問題。

例如，在午的位置會有天機星，遇到擎羊出門容易骨頭受傷，太陰天同根本不愛擎羊這樣固執衝動的星曜，七殺不適合加煞星，也是因為太固執。許許多多的解釋，在宮位內放進主星後可以發現，其實都會有因為衝突而壞事的情況。但這也是「馬頭帶劍」的格局，被說成可以成大功立大業的原因，因為這樣的固執特質若加上足夠好的運勢，不是可以冒著槍彈往前衝，不怕困難、不怕錢不來嗎？當然也就有可能賺大錢了。

圖三十五／ 陀羅在命宮，寅申巳亥位

陀羅坐命於寅位

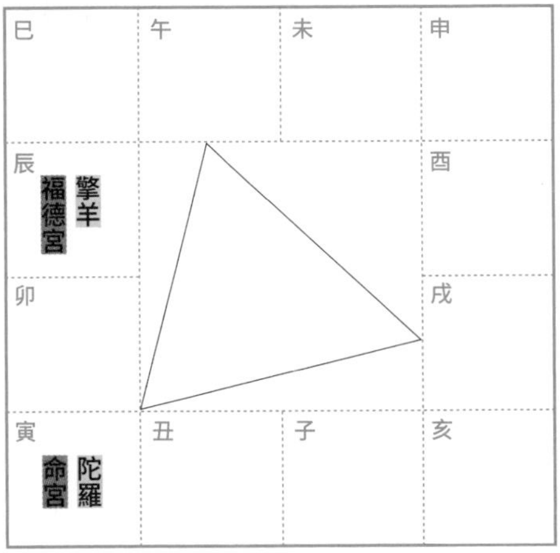

陀羅坐命於申位

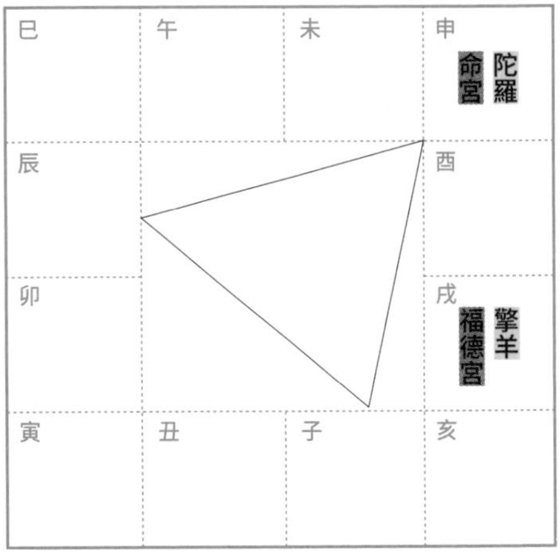

陀羅坐命於巳位

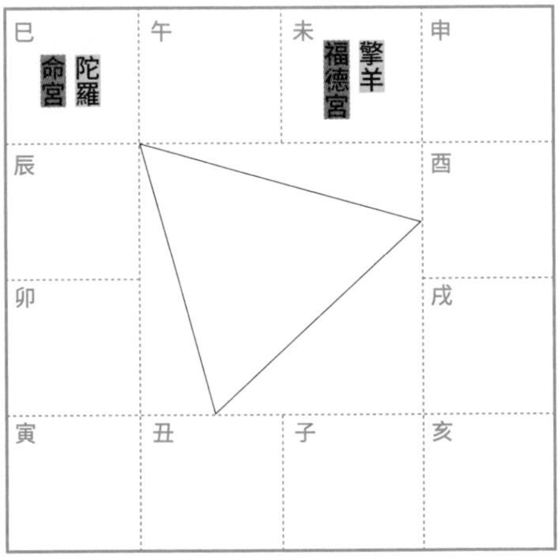

陀羅坐命於亥位

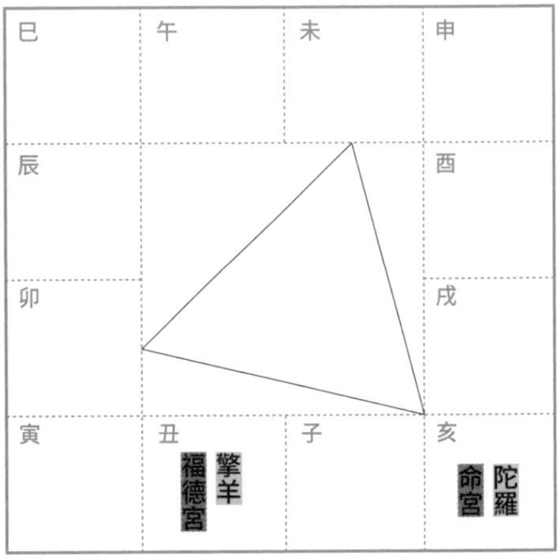

22.

英星入廟格

子午破軍加官進祿。

子午二宮破軍守命加吉星必然位至三公。

破軍星在子或午的位置，並且加上化祿或化權，可以稱為「英星入廟格」，至於所謂「必然位至三公」，當然就是古文常見的誇飾法。要注意的是，所謂三公，很容易被誤認為當大官（三公出自漢朝，是延續秦朝而來，在漢朝確立的官制），但在後代來說，其實就是以三公裡面的大司馬為主，這大司馬是掌握軍權的人，因此，這裡說的三公不只是當大官，也不只在大公司當上高層，因為古代的大司馬在某個層面上，是掌握整個國家軍權，甚至是國家真正的主權掌握者，所以這裡說的位至三公，其實是告訴我們，這個人如果在大公司，會是

圖三十六／ 英星入廟格，破軍在子午位，對宮為廉貞天相

破軍在午

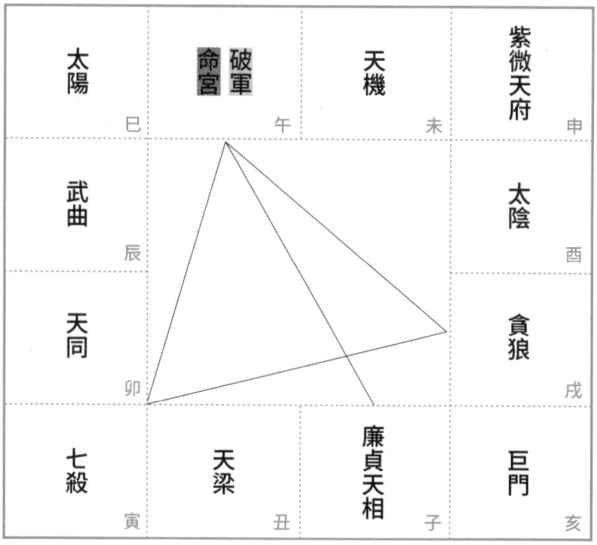

破軍在子

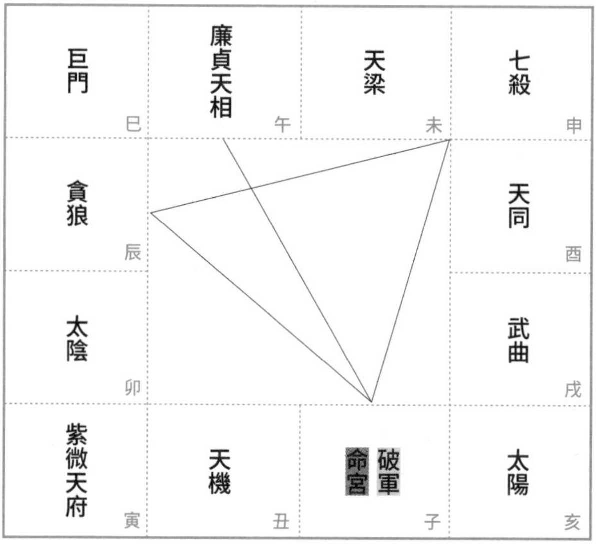

主導業務的高層，或者自己就是創業者。

23.

文華文桂格

文桂文華九重貴顯。

文昌為文桂文曲為文華，如丑未安命值之更化吉及祿合吉星拱夾是也，或無吉化雖昌曲無用耳。

文昌跟文曲在三方四正之內，表示這個人同時具備了文昌跟文曲的能力。六吉星裡，文昌代表了理性思慮跟文書能力，文曲代表了感性的想法跟不同於一般人的巧思，兩個都具備，當然是理性跟感性兼備。這裡不特別強調同宮，卻說三方四正，是因為同宮的人容易同時陷落在理性跟感性之間，遇到煞忌的時候通常會因為有自我的要求而落在精神方面的問題。最後也提到無吉化無用耳，也就是說，如果沒有遇到主星有化祿、化權、化科，或者祿存，就算

圖三十七／ 文桂文華格。三方四正有同時遇到文昌跟文曲

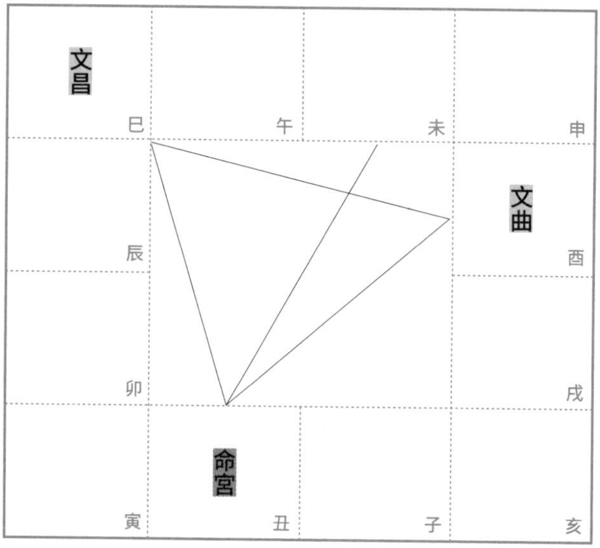

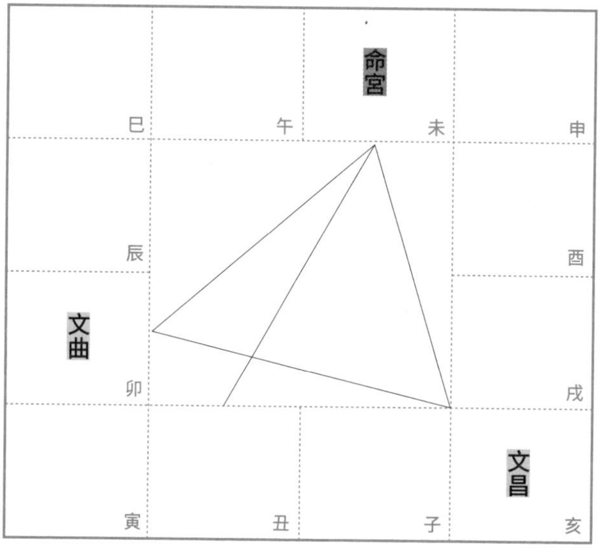

有文昌文曲也沒用。

24.

石中隱玉格

子午巨門石中隱玉

子午二宮安身命借巨門坐守，更得寅戌申辰科祿合照富貴必矣。

巨門在子或午的位置，為「石中隱玉格」，是巨門星中的重要格局，如同一塊藏在石頭裡的玉，需要經過砥礪折磨，最後才能展現玉的尊貴圓潤。這個格局的重點是，早年辛苦中年後富貴，而且因為是隱玉，所以富貴也不能太光芒奪目，否則就會惹來是非。

許多人讀到這一段的時候，會誤以為巨門在子跟午都算石中隱玉，其實只有巨門在子才算，因為巨門需要太陽在旺位，少了太陽在旺位，巨門博學而擅於口才的優秀本質無法發揮，並且還要搭配寅戌申辰科祿合照，就是寅戌申辰這四個位置會剛好是福德宮、財帛宮、官祿宮、夫妻宮的位置，遇到祿存或化祿還要化科，這樣才算數。

圖三十八／ 石中隱玉格，巨門在子太陽在辰。巨門在午太陽在戌

巨門在子、太陽在辰

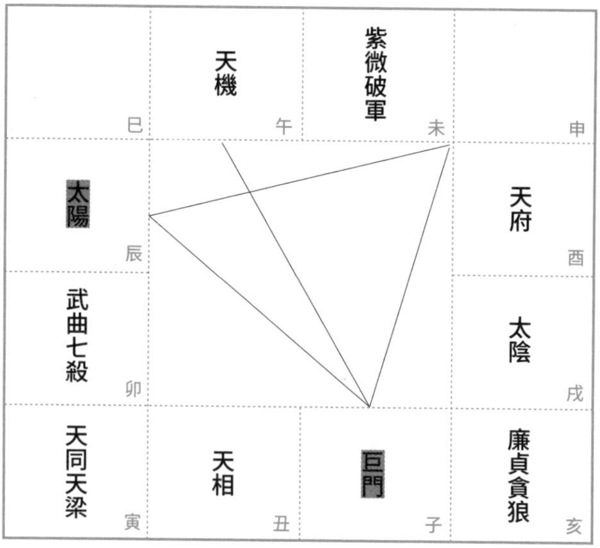

巨門在午、太陽在戌

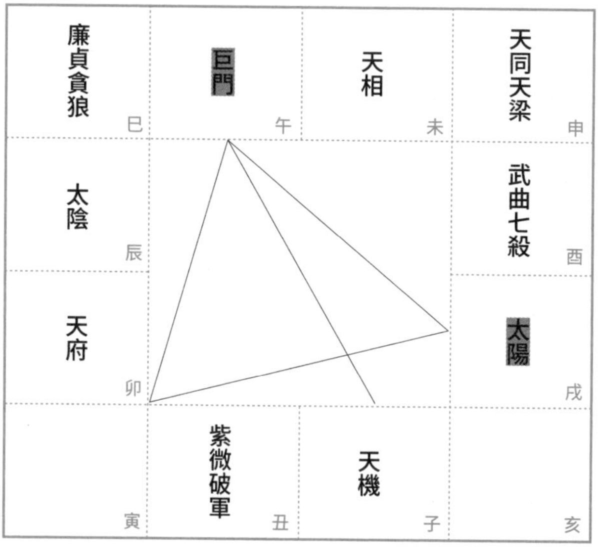

25.

日月反背格

日月最嫌反背，乃為失輝。

太陽在申酉戌亥子，太陰在寅卯辰巳午，則日月無輝何貴之有，然有日月反背而多富貴者，要看本宮三合有吉化拱照不加權見也，故玉蟾先生嘗曰數中議論最精惟新法在人活變耳。

太陽星跟太陰星同時都在落陷不亮的位置，這叫作「日月反背」，紫微斗數中將太陽跟月亮視為天上最亮的星曜，覺得白天跟晚上都是因為有了它們照亮，世界才不會黑暗，不會讓人不安，也才有動力，這樣的觀念投射在命盤上，也被引申為：太陽跟太陰各自給予所在的宮位，以及某些需要被照射的星曜，會在太陽跟月亮都具備光輝的時候，得到足夠的力量。例如巨門星，代表人內心不安的情緒，當太陽

圖三十九／ 日月反背格，標註太陽太陰落陷的位置

巳 太陰落陷	午 太陰落陷	未 太陰落陷	申 太陽落陷
辰 太陰落陷			酉 太陽落陷
卯 太陰落陷			戌 太陽落陷
寅 太陰落陷	丑 太陽落陷	子 太陽落陷	亥 太陽落陷

在旺位的時候，不安感就會相對被消弭，也因此，才會說「日月最嫌反背乃為失輝」，失去了命盤上面的光輝，巨門產生不安，這張盤當然容易對人生產生無力感跟失望。但是在後面的註解中，我們卻發現不見得如此，一般現代書上對於「日月反背」的解釋，往往只對照了古書上的一句「日月最嫌反背」，其實後面的註解讓我們看到了紫微斗數真正的細緻之處。

其中說道，「然有反背者多富貴」，有許多日月反背的人常常擁有富貴的人生，這是為何呢？因為要看太陽或太陰所在的位置，三方四正是不是遇到化祿、化科，還有運限的命盤好不好。但是也說到「不加權見也」，就是說不能有化權，因為太陽、太陰如果已是落陷位，通常表示所在宮位較無法發揮出太陽跟太陰的真正力量，而太陽跟太陰本來就是重視自我權力的星曜，畢竟一個代表父親、一個代表母親，這時如果又化權，反而有讓人覺得能力不夠還想掌權的意思。所以後面才會有一段玉蟾先生（道教名人）的提示，意思是說所有的解盤都要活用活變，不能單純地直觀認定。

太陽、太陰雖然沒有力氣，但是也不會跟別人爭奪，沒有辦法照亮巨門解決不安全感，不也同時容易因為對人生的不安，而多做很多努力嗎？如果一個人願意照顧人，並且願意隨時進修自己，再加上總會遇到有好運限的時候，如果本命盤在三方四正，就會遇到化祿、化科，這個人當然有機會大富大貴。這裡借用一個道教名人的話來告訴我們，其實命盤都需要整體考量。

26.

廉貞清白格

廉貞清白能相守。

此星未宮安命甲生人合格，申宮坐命癸生人合格，寅宮坐命己生人合格，俱為上格看。

「廉貞清白格」是廉貞星著名的好格局，但是通常也讓許多學習者很難分辨，因為現在許多書籍都說得不清楚，到底是廉貞化祿算，還是廉貞跟祿存才算？就古書來說，廉貞星化祿的，需要是未宮安命當命宮，並且是甲年生，廉貞會化祿，所以只有廉貞七殺在未的組合才算。其他的申宮當命宮，癸年生，寅宮當命宮己年生，則是要官祿宮廉貞加祿存才算，其實都是因為那個宮位剛好是官祿宮有祿存，所以應該是廉貞加祿存才算。

這樣語意不清的情況，一直都是古書的特

圖四十／　廉貞清白格。廉貞化祿或者遇到祿存星同宮，在命宮或者是官祿宮

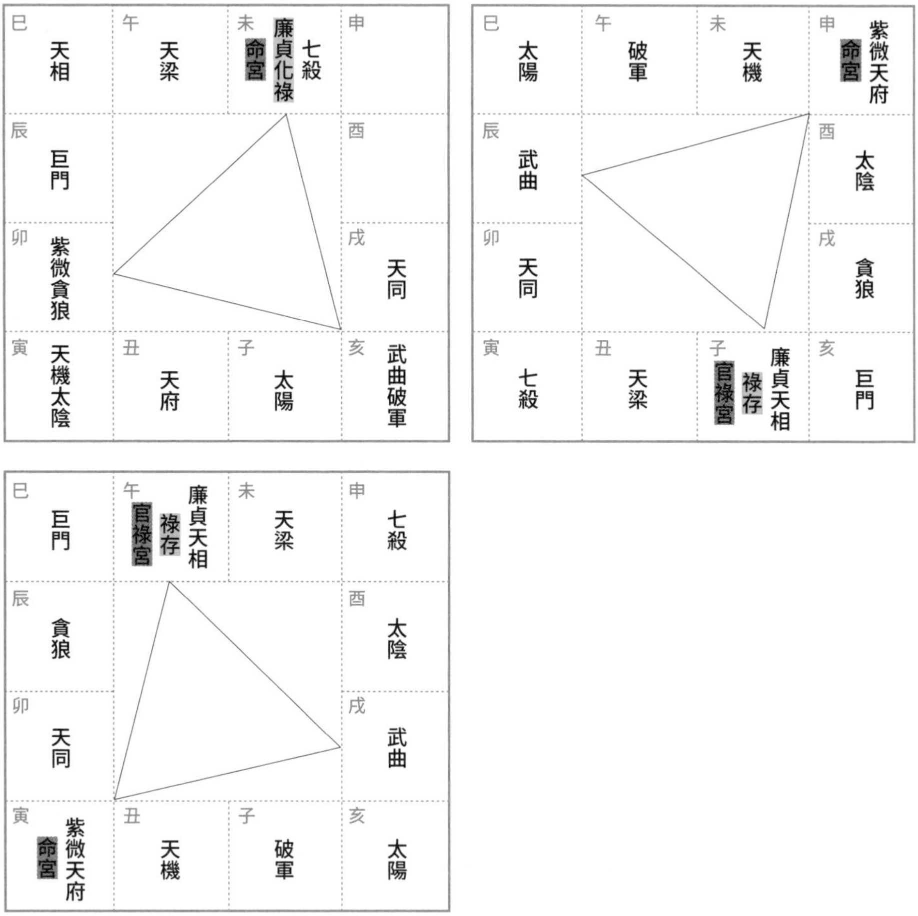

色，同樣也容易讓人很難區分怎樣才算是「廉貞清白格」。這裡有一句重要的話，就是「俱為上格」，也就是說，其實廉貞星化祿表示因為自己的要求與約束，為自己帶來人際上的優勢與好處，廉貞加祿存在官祿宮上，表示祿存增加主星特質，並且因此降低主星缺點的能力，增加了廉貞星的人際特質，減少了廉貞星可能因為煞、忌影響，自我約束過頭一旦爆衝反而更加不顧一切的作為。但是祿存星一方面降低這樣的問題，一方面因為只在官祿宮，所以不致於讓整體的十二宮受影響。實際上，這樣嚴格的條件下組合出來的情況當然不錯，俱為上格。

這個組合可以被廣義解釋，廉貞化祿，或是加祿存，都可以算是懂得自我約束的廉貞星，只是沒有古書上正式組合那麼完善而已，一樣可以被當成「廉貞清白格」，只是可能只對應某一個宮位有這樣懂得自我約束的特色。

27.

祿馬交馳格

祿馬最喜交馳。

假如甲祿在寅而甲子辰馬亦在寅，遇此得地謂之祿馬交馳。

這個格局組合正確的應該是祿存跟天馬星，而化祿星只能算是山寨版的，因為祿存有幫助主星發揮優勢的能力，搭配上天馬星的願意奔波勞動，一個人主要的能力特質能夠發揮，無論主星是什麼，加上本身又願意奔波不怕辛勞，當然有機會可以得到人緣跟擁有財富。

圖四十一／ 祿馬交持格。祿存跟天馬在同一個宮位

巳	午	未	申
辰			酉
卯			戌
寅 祿存+天馬	丑	子	亥

28.

桃花犯主格

輔弼夾帝為上品，桃花犯主為至淫。

假如身命紫微與貪狼同垣男女邪淫奸詐巧謝得後悟，得輔弼夾帝貪狼受制則不拘此論。

「桃花」說的是貪狼星，因為這是紫微斗數中最大的一顆桃花星，「主」說的當然就是紫微，所以桃花犯主是紫微跟貪狼同宮，紫微星這個皇帝星曜所代表的個性很容易受身邊人影響（同宮的另外一顆主星），身邊是七殺這種堅持理想且固執的人，會讓紫微增加許多重視自我價值的能力，加上破軍可以讓紫微為了夢想而努力，都算是不錯的組合。

唯獨跟貪狼在一起，在古書上被說得相當差，這個組合在前面也曾提到，是極居卯酉，主要是因為貪狼星重視吃喝玩樂，讓紫微的帝星偏向玩樂，少了對人生事業的努力。文中說的「巧謝得後悟」，其實就是這個組合另一個名稱「極居卯酉」所說晚年會修成出家的原因，年輕時玩樂放縱，晚年終於覺悟人生道理。

但是如果父母宮跟兄弟宮有吉星幫忙，就不在這個情況內，因為父母親能夠在命主小時候就給予正確的照顧。

圖四十二／ 桃花犯主格

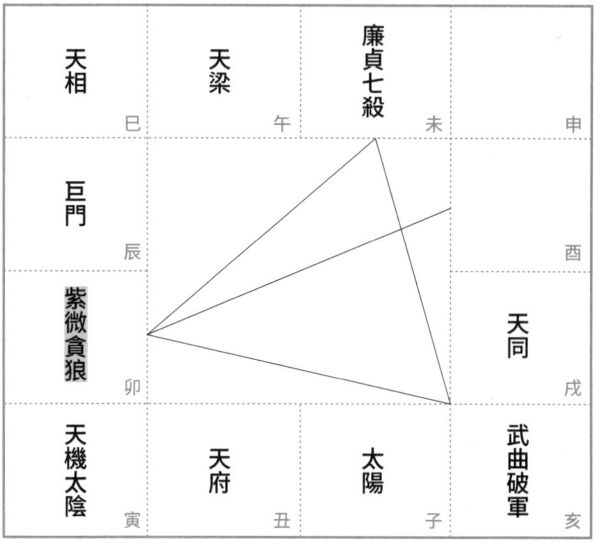
天相
巳
天梁
午
廉貞七殺
未
申
巨門
辰
酉
紫微貪狼
卯
天同
戌
天機太陰
寅
天府
丑
太陽
子
武曲破軍
亥

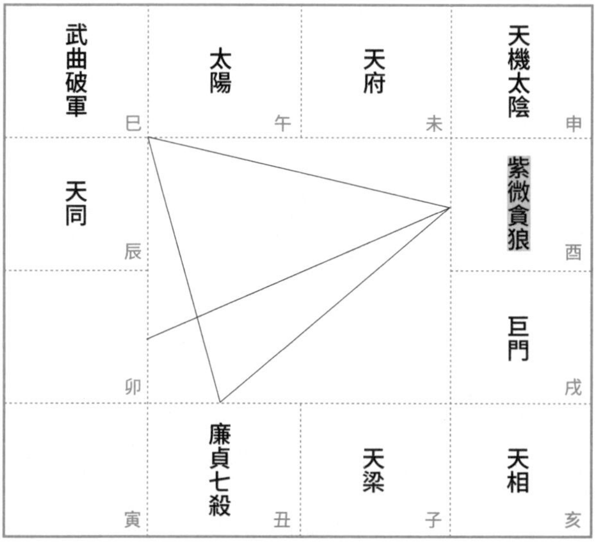
武曲破軍
巳
太陽
午
天府
未
天機太陰
申
天同
辰
紫微貪狼
酉
卯
巨門
戌
寅
廉貞七殺
丑
天梁
子
天相
亥

29.

君臣慶會格

君臣慶會，才善經邦。

假如紫微守命得天相昌曲天府、得天同天梁相助，紫微得夾為君臣慶會逢之，無不富貴，但有金星與刑忌四星同度謂之奴欺主，臣蔽君反為禍亂，需要推詳如安祿山之命是也。

這可說是紫微星最好的格局，因為符合紫微星最主要的基本需求，紫微星的重點是需要三方四正有足夠的團隊幫忙，所以正式的「君臣慶會」就是三方四正裡得到越多的吉星以及天府、天相幫忙，當然紫微星要在命宮跟官祿宮才算數，否則只是別人「君臣慶會」，跟自己沒有關係。

這樣的人很容易在事業上有不錯的發展。

不過，這裡說到一句更重要卻常被忽視的話「但

圖四十三／君臣慶會格

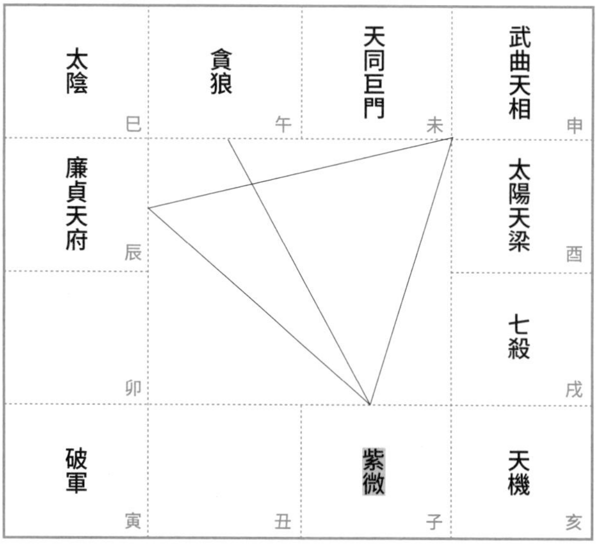

太陰
巳
貪狼
午
天同巨門
未
武曲天相
申
廉貞天府
辰
太陽天梁
酉
卯
七殺
戌
破軍
寅
丑
紫微
子
天機
亥

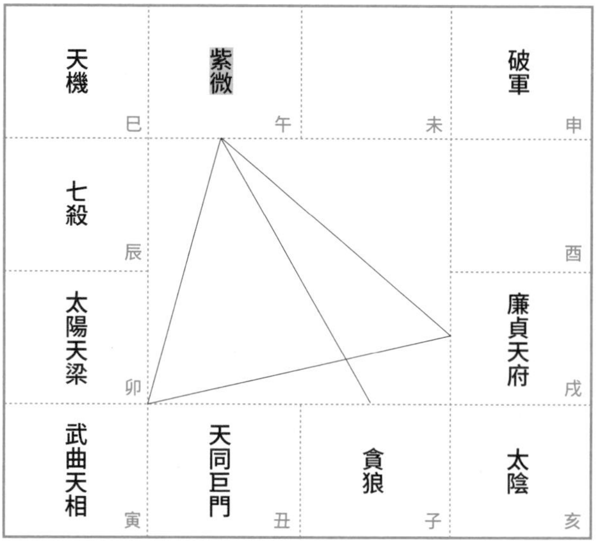

天機
巳
紫微
午
未
破軍
申
七殺
辰
酉
太陽天梁
卯
廉貞天府
戌
武曲天相
寅
天同巨門
丑
貪狼
子
太陰
亥

有金星與刑忌同度（鈴星跟擎羊等四煞星還有化忌同宮），謂之奴欺主，臣蔽君反為禍亂，需要推詳。」這裡說了一個跟前面的「日月反背」一樣很重要的觀念，「日月反背」是原本不好，卻因為遇到化祿、化科，加上運限好，反而大富貴。這裡則是本來很棒的「君臣慶會」遇到煞、忌，反而會在成功之後被朋友出賣，原因在於皇帝需要人幫忙，但是如果這些有左輔、右弼的宮位遇到煞星，本來該幫忙的天府、天相遇到化忌，就會變成幫倒忙，因為左輔、右弼是幫好也幫壞，若有煞星，一樣會幫忙煞星增強力量，天相星尤其怕碰到化忌。各類的紫微星組合，都有可能一邊遇到吉星幫忙，一邊又因為有煞星進來破壞，在一個人一帆風順的時候，往往也容易交到壞朋友，當然就會被朋友出賣，所謂安祿山之命耶，安祿山本來是雄霸一方的霸主，最後卻被自己的乾兒子殺了。

30.

刑囚夾印格

刑囚夾印杖惟司。

假如身命有天相劫被羊貞夾之，主人逢官非受刑杖終身不能發達只宜僧道。

其實看到一生如何如何，無論說的是終身不能發達，還是富貴榮華，要了解這是古人在文字訴說時的浮誇，還要搭配算命師的話術。既然富貴榮華需要一堆條件，加化祿跟化權，相對地，要一生倒楣當然也沒有那麼容易，更別說是只適合出家這樣的話。現在許多僧道其實都還滿有錢，這個人如果真的這麼倒楣，怎麼可能適合僧道，若從宗教角度來看，能出家修行的人其實是擁有大福報的；若從現在社會宗教團體通常非富即貴，還不用繳稅來看，都不會是倒楣鬼適合的行業。

其實這裡說的如果是本命，只是因為這個人容易因為衝動而失去自我約束，在人生路途上難免如此，因為本命就有這樣的特質，當然運限就更加容易出現，並非這個人一生都倒楣。運限遇到時，因為運限可以是現象，所以能解釋成有官非跡象，因為廉貞跟天相一個是自我約束能力，一個是自身的守則規矩，這兩個無論哪一個被破壞了，當然就表示自己在人際關係上或是做人原則上有了不同，與人約定被破壞，當然就是某一種官非犯法的含義。

圖四十四／ 刑囚夾印格。廉貞天相跟擎羊同宮

巨門 巳	廉貞天相 +擎羊 午	天梁 未	七殺 申
貪狼 辰			天同 酉
太陰 卯			武曲 戌
紫微天府 寅	天機 丑	破軍 子	太陽 亥

太陽 巳	破軍 午	天機 未	紫微天府 申
武曲 辰			太陰 酉
天同 卯			貪狼 戌
七殺 寅	天梁 丑	廉貞天相 +擎羊 子	巨門 亥

31.

善蔭朝綱格

善蔭朝綱仁慈之長。

假如機梁二星守身命在辰戌宮，兼化吉相助以為富貴，加刑忌耗殺僧道宜之。

天機代表善，天梁代表蔭，天機跟天梁同宮稱為「善蔭朝綱」。這兩顆星一定會在辰戌這兩個位置，一般都說這兩顆星在命宮的人只能當幕僚，因為行動力、爆發力不夠，其實是這兩顆星一個善於思考分析，一個博學而沉穩，兩個放在一起當然就會想很多，但如果這樣一個善於思考的人，可以得到幫忙，就會有相當不錯的機會，所以說「化吉相助以為富貴」。如果遇到化祿跟化權，這個善於思考的能力就可以為自己帶來不錯的機會。但是若加上煞星，又適合出家當和尚了。在古人的觀念中，出家當和尚就是男生的事業混不好，女生太淫亂、感情沒有歸宿的最好選擇。

就古代標準來說，現代女生基本上都算是淫亂的。這也證明，紫微斗數與其說是北宋陳希夷所寫，更可能是明代狀元羅洪先在被革職後去自助旅行時，將自己所懂的易經跟佛教占星學以及民間一些數術統合整理出來。羅洪先是明代的狀元，難免會對出家人有所鄙視，才會有這類文字出現在《紫微斗數全書》之中。

圖四十五／ 善蔭朝綱格

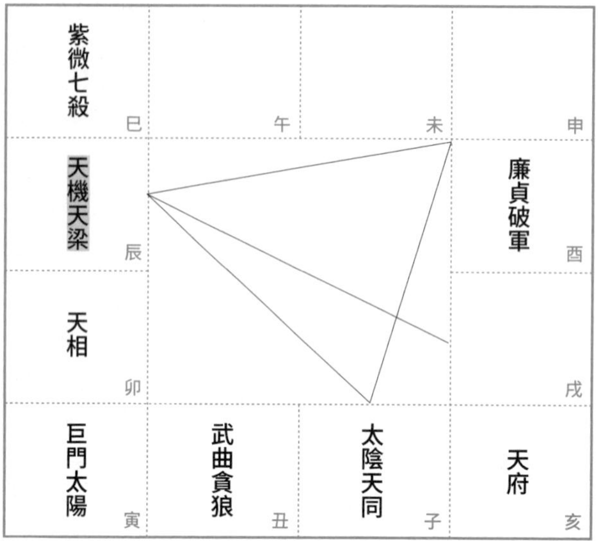

丙年

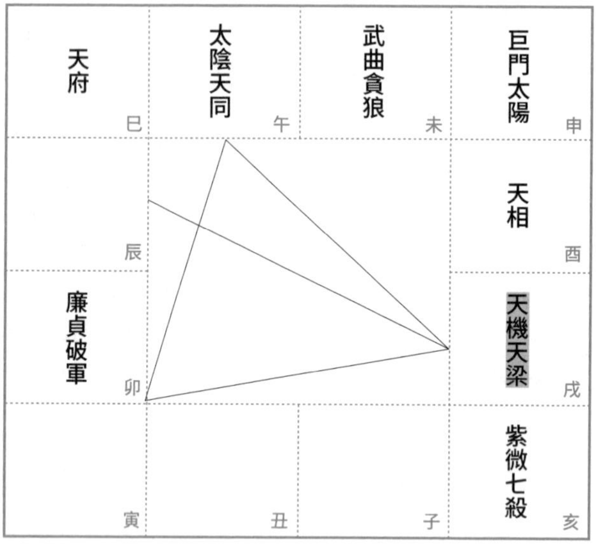

32.

日麗中天格

太陽居午謂之日麗中天，
有專權之位，敵國之富。

假如身命坐於午宮遇有太陽，庚辛生人日生時者富貴全美，女人逢之旺夫益子封贈夫人。

太陽在午的這個位置，是太陽在十二宮裡最旺盛的一個位置，被稱為「日麗中天格」，看文字敍述相當不錯，實際上通常是做得勞心勞力，要死不活。為何會如此呢？因為這個組合的對宮一定是天梁星，所以是個願意為眾人付出的組合。註釋裡面提及，庚辛年而且白天生的人，又是一個有錢有地位的格局，這是因為庚年生，太陽會化祿；辛年生，官祿宮有巨門化祿，還有擎羊，表示說話有權威且能言善道。

一般來說，女生若是太陽星在命宮，通常

較不討喜，因為會過度強勢，但這裡卻說這是一個旺夫益子的組合，因為在這個組合裡，遷移宮是天梁，女生通常都會是能力很好的事業女強人，除此之外，這就是個會把自己做到死的格局。

圖四十六／ 日麗中天格

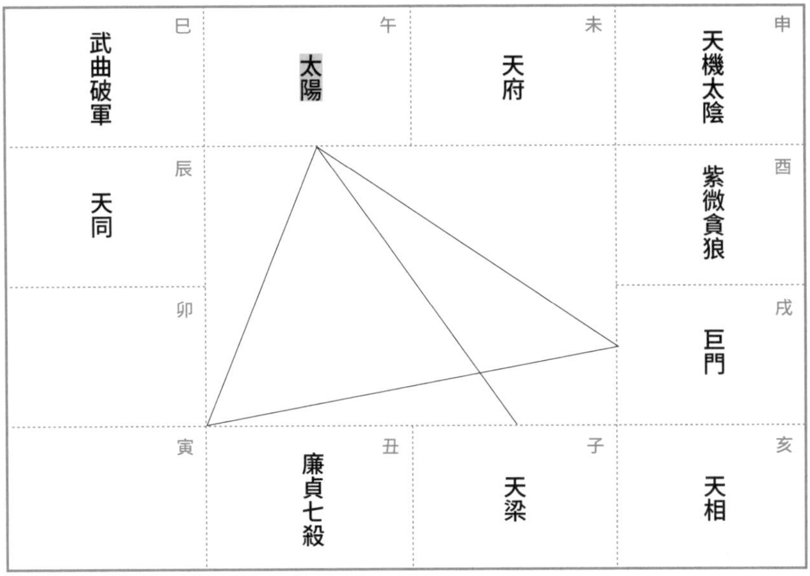

33.

水澄桂萼、月生蒼海格

太陰居子號曰水澄桂萼得清要之職忠諫之材。

假如身命坐於子宮遇有太陰，丙丁生人夜生時者富貴全美，心無私曲有忠諫之材。

其實這個格局在書上某些地方拿來形容女人，是個小三格局，而且是最佳小三格局，因為不吵不鬧且漂亮溫柔，傻傻地為愛付出。這樣的個性特質在男人身上，如果是用心在工作上，就是所謂心無私曲有忠諫之材，是個忠心的好部屬，非常清廉。

這個特質需要有一定的搭配，需要丙丁年出生的人，最好還要在晚上出生，才能符合太陰星特質，充分發揮太陰的能力。丙年天同化祿，太陰在這裡會跟天同同宮；丁年則是太陰化祿，這兩個年分都會讓命宮化祿，增加命宮主星的能力，這樣才能算是正式的「水澄桂萼格」，或者有另一個說法，是「月生蒼海格」，說的都是這個組合特別的好人緣跟對人良善，以及清廉的特質。

圖四十七／月生蒼海格

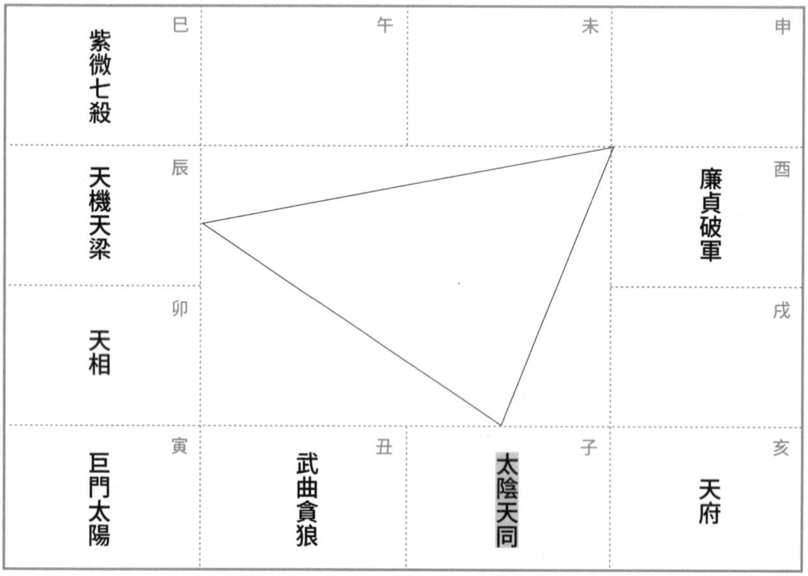
巳
紫微七殺
午
未
申
辰
天機天梁
酉
廉貞破軍
卯
天相
戌
寅
巨門太陽
丑
武曲貪狼
子
太陰天同
亥
天府

34.

泛水桃花格

貪居亥子名泛水桃花。

假如身命坐於亥子遇貪狼逢吉曜以吉論，如遇刑忌男浪蕩女淫娼。

同樣地，這是一個被字面意義耽誤的格局，「泛水桃花」聽起來好像很差，其實就是個異性緣很好的組合。貪狼星在亥跟廉貞星同宮，幫助廉貞星增加異性緣分，有博學的特質且兼具風趣幽默，在子的位置幫助對面的紫微星，讓人感覺受到注目且人緣很好，這樣的人當然有許多感情機會，遇到吉曜，有吉星幫忙，會有很多機會，並且可以把魅力發揮在事業上，如果遇到擎羊或是化忌，就會受到情緒影響，容易受異性、感情左右。

圖四十八／ 泛水桃花格

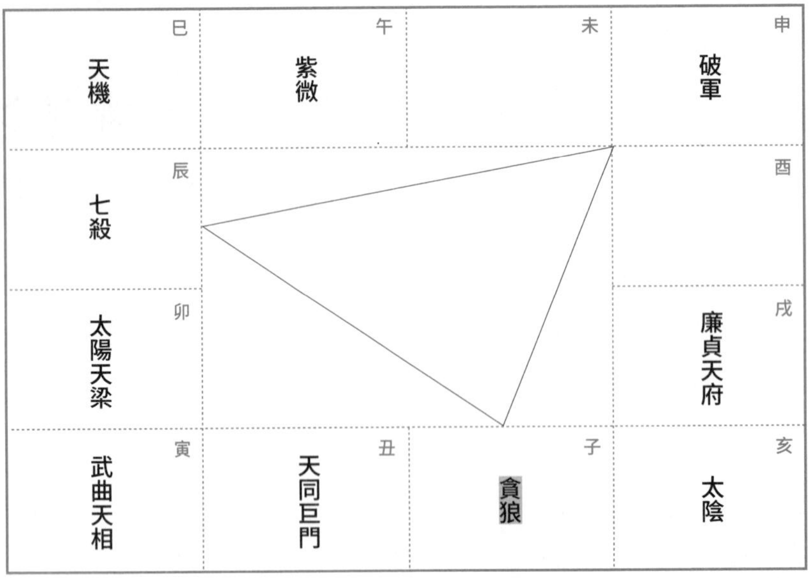
巳
天機
午
紫微
未
申
破軍
辰
七殺
酉
卯
太陽天梁
戌
廉貞天府
寅
武曲天相
丑
天同巨門
子
貪狼
亥
太陰

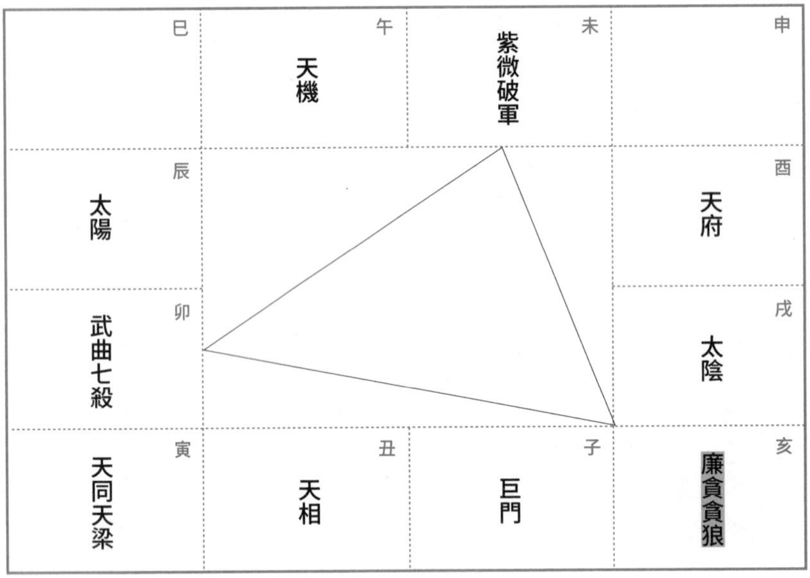
巳
午
天機
未
紫微破軍
申
辰
太陽
酉
天府
卯
武曲七殺
戌
太陰
寅
天同天梁
丑
天相
子
巨門
亥
廉貪貪狼

35.

風流綵杖格

刑遇貪狼號曰風流綵杖。

假如貪狼羊刃同垣身命於寅宮為人聰明更主風流，若遇閑宮則平矣，余詳之非也，寅宮無擎羊到位只有陀羅所值後學要明此論。

「風流」這兩個字在古代其實是個稱讚的名詞，「綵杖」最早的意思是說外交官出使外國時手上所拿的手杖。像我們看蘇武牧羊圖，蘇武手上拿著一根掉了毛的使節杖，那是因為蘇武牧羊北海貝加爾湖很久了，所以上面的毛掉光光，否則原本應該是五彩炫麗的羽毛裝飾，表示國家賦予的權力與使節代表國家的身分，綵杖就是這樣一根裝飾絢麗，代表著國家權力的手杖，用以延伸成代表刑法司法。所以，「風流綵杖格」通常是因為好色而有了刑罰，因色犯刑。事實上，如果依照古書的排列組合，貪狼要在寅的宮位，有十二分之一的機會，還要是命宮或者官祿宮跟夫妻宮，這讓機率變成三十六分之一，最後再補上陀羅星在寅那個位置，通常就是乙年生的人，這樣讓機率變成三百六十分之一，所以每三百六十人會有一個人因為好色犯官非？這在現代或許機率高一點，但是在古代，卻是相當低的機率，所以這樣的解釋其實也都是偏差於古書的本身含義。

其實古書說的是，這樣的人聰明而風流，這個風流是才華洋溢，有許多人追隨的魅力，跟我們現在所謂的風流好色是不同的。更妙的是，貪狼跟擎羊根本不會同宮在寅，所以最後告訴我們，貪狼跟陀羅星同宮但不是擎羊，那麼前面一直說的擎羊呢？我們可以當成所有的貪狼加擎羊都會有這樣的特質，只是這表示擎羊給了貪狼星更多慾望與對世界的追求，這樣的人通常熱情博學而浪漫，具備迷人丰采是一定的，但是要變成「風流綵杖」這個格局比較好的一面，需要在寅的位置加上陀羅，其他的只能說是這個人異性緣不錯。至於綵杖最後變成所謂因色犯刑，其實只要想想，一個風流浪漫有才華又情感奔放的人，本身已經有個貪狼加擎羊，貪狼會化忌，貪狼絕大多數的組合也會化忌，形成煞、忌太多的情況機率很高，運限走得不好當然容易產生情感問題，但是要把那根漂亮浮誇的綵杖當成是被打屁股的那根棍子，而說是因為桃色糾紛犯法被關，那就太誇張了。

圖四十九／ 風流綵杖格

巳 天梁	午 七殺	未	申 廉貞
辰 紫微天相			酉
卯 天機巨門			戌 破軍
寅 貪狼 +陀羅 命宮	丑 太陽太陰	子 武曲天府	亥 天同

36.

財蔭夾印格

相守命武梁來夾是也田宅宮亦然。

天相在命宮，天相旁邊一定是天梁星，但是為何要提到武曲星，天相不一定跟武曲在一起啊！為何一定要天梁跟武曲來夾呢？其實這裡說的是化祿，一個人一生都有不愁吃穿的財富，過著很富足的生活，因為需要有化祿，但是天相星會同宮的有紫微、武曲、廉貞，其中只有武曲星代表財星，因此武曲化祿才算是錢，而天梁星如果本身化祿當然也可以，因為如果是命宮有天相，天梁一定是父母宮，父母宮天梁化祿，表示父親對自己有所疼愛甚至會給予財產，如果是天梁星當命宮，本身就具備拿財產的機會，所以才說是武梁來夾才算數。

田宅宮亦然，也是因為這是天生有財富的好命格局，很特別的是，因為「財蔭夾印格」說的通常是老天給予的錢財，大部分都會是財產遺產這一類，因此除了可以在命宮之外，並沒有在財帛宮這個投資理財用錢能力的宮位，而是在田宅宮，因為房產是長輩給予的財產中很重要的一部分，也是因為田宅宮代表財庫，是真正代表自己擁有多少財產的地方。

圖五十／財蔭夾印格

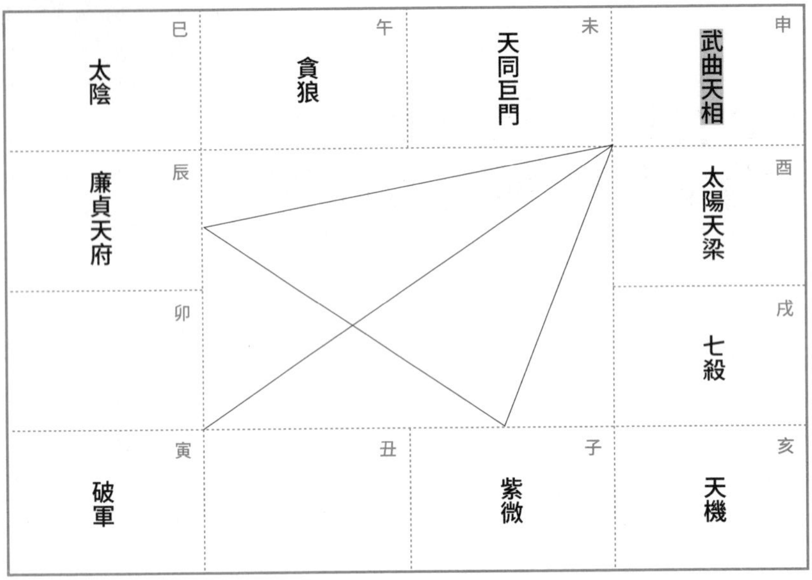
巳
太陰
午
貪狼
未
天同巨門
申
武曲天相
辰
廉貞天府
酉
太陽天梁
卯
戌
七殺
寅
破軍
丑
子
紫微
亥
天機

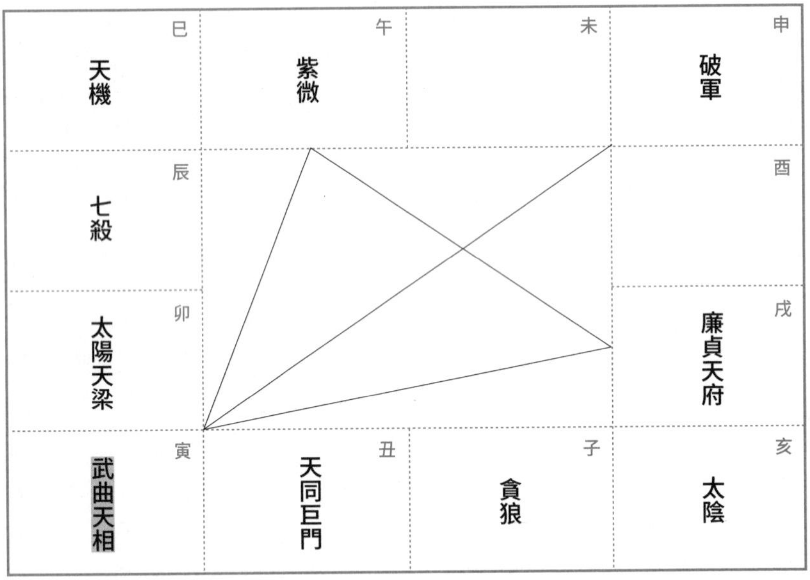
巳
天機
午
紫微
未
申
破軍
辰
七殺
酉
卯
太陽天梁
戌
廉貞天府
寅
武曲天相
丑
天同巨門
子
貪狼
亥
太陰

37.

日月照壁格

日月臨田宅宮是也喜居墓庫。

太陽跟太陰同宮在一起，稱為「日月照壁」，太陽跟月亮都照著你家牆壁，這個格局組合只有在田宅宮才算數，本來日月同宮只會出現在丑跟未的位置，但是最後一句的「喜居庫墓」，讓人以為辰位跟戌位的日月對拱，太陽太陰剛好在對面也算是「日月照壁」，因為在紫微斗數中所謂的庫墓之地，辰戌丑未四個位置都算，但是這裡說的其實只有丑未的太陽太陰同宮，才能算是「日月照壁」，更重要的是必須在田宅宮，因為在命宮的「日月照壁」如果遇到煞星，會有表裡不一的情況，這在古代來說是相當不討喜的。雖然儒家教育根本上就是一種表裡不一的思想體系，但是他喜歡自己表裡不一，卻不喜歡別人表裡不一，所以希望「日月照壁」是在田宅宮而不是在命宮。

在田宅宮除了表示自己的房子能在高處，表示有地位，還可以聚財風水好之外，連帶地也表示會有兩間房子，或是有兩個住所，甚至有某種金屋藏嬌的意思，因此在古代，這都是男人事業不錯、地位不錯的象徵，可說是不錯的格局，但是在現代就不一定了。

圖五十一／ 日月照壁格。日月同宮在田宅宮

天梁 巳	七殺 午	未	廉貞 申
紫微天相 辰			酉
天機巨門 卯			破軍 戌
貪狼 寅	太陽太陰 田宅宮 丑	武曲天府 子	天同 亥

天同 巳	武曲天府 午	太陽太陰 田宅宮 未	貪狼 申
破軍 辰			天機巨門 酉
卯			紫微天相 戌
廉貞 寅	丑	七殺 子	天梁 亥

38.

日月夾命格

不坐空亡遇逢本宮有吉星是也。

這也是一出生就有好人生的命盤格局，如果用紫微斗數的基本邏輯架構去看，很容易就可以理解。因為代表父親的父母宮是太陽，代表母親的兄弟宮是太陰，這個組合只有在丑位的武曲貪狼同宮才有，因為對面未位的武曲貪狼，父母宮的太陽是落陷的，相對來說力道不足，火力不夠，所以正式的「日月夾命」，其實只有在丑位的武曲貪狼同宮這一組。而且要加上其他的條件：不能遇到地空、地劫星同宮（不坐空亡），還要加上逢本宮有吉星是也，要命宮有吉星，條件其實相當嚴格。

事實上，單純武曲貪狼同宮，本身已經有

圖五十二／ 日月夾命格。武曲貪狼在命宮，太陽在父母，太陰在兄弟

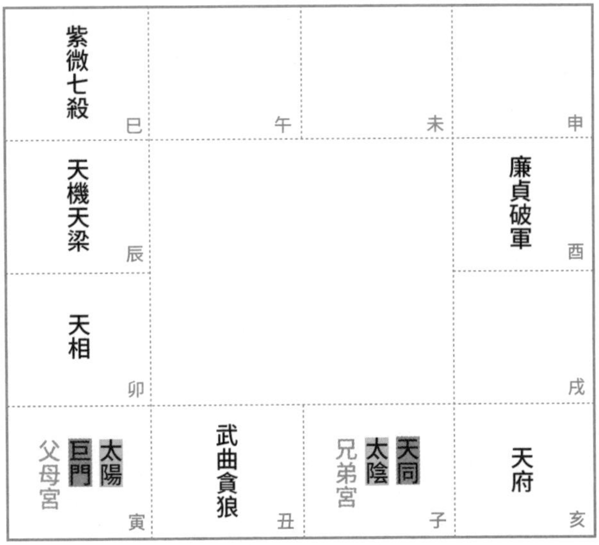

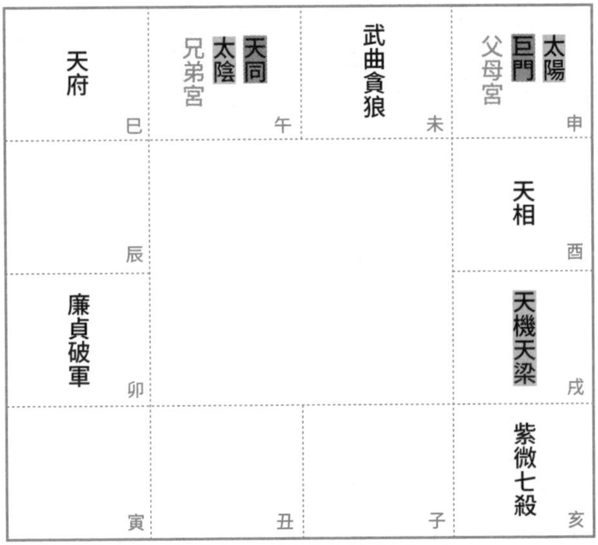

個「武貪格」，這個格局本來就是太陽太陰剛好在兩邊，但是原本的「武貪格」有個很重要的問題，就是因為自身條件太好，所以「不發少年時」，不能在太年輕時得到成就，否則會因驕傲而失敗，或者說不會太早有成就，因為需要一點人生歷練，這裡說的都是因為武曲貪狼本身的問題，以及太陽太陰剛好在旁邊的關係。仔細想一下就知道，如果這個人是庚年生，剛好太陽化祿武曲化權，父母宮是太陽化祿，父親有能力，但是又會管教他，他自己武曲化權，當然也不太受管教，但是這個時候對宮剛好會是一個陀羅星，一個人重視自我家庭，環境也不差，卻剛好有個陀羅在內心，「武貪格」重要的是能夠因為空宮借到對宮，形成雙祿交持，這種好組合卻因為陀羅而無法產生，就像有個人因為內心的糾結與對自我的要求，往往失去好機會，長久下來就容易變成自怨自艾，當然就無法在年輕的時候得到成就，或者因為運氣好，在年輕的時候發達，也會造成無法面對失敗的個性。

這樣看來，其實有父母的幫助不見得完全是好事，這只是古代重視家庭背景的環境下所出現的觀念，即使在古代，也會告訴我們武曲貪狼背後雖然自身條件不錯卻隱藏著風險，所以正式的「日月夾命」為何會需要吉星在命宮？吉星指的是左輔右弼、天魁天鉞這些貴人星，命宮有貴人星，表示自己是別人的貴人，本身樂於助人，是不是比較不會因為人生條件好而目空一切呢？是不是也比較容易因為常助人，因而人緣好、貴人多，有困難的時候會有人幫忙呢？所以才會需要這樣的條件，可見得所謂好格局真的不只是主星輔星組合一下而已。

圖五十三／ 武貪在丑，庚年生人

紫微七殺 巳	午	陀羅 未	申
天機天梁 辰			廉貞破軍 酉
天相 卯			戌
太陽化祿 巨門 父母宮 寅	貪狼 武曲化權 命宮 丑	太陰天同 兄弟宮 子	天府 亥

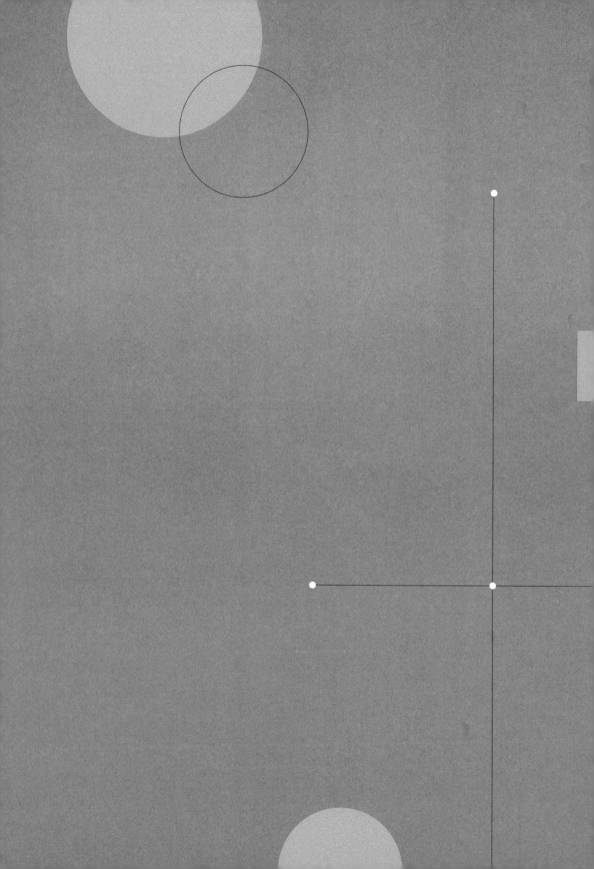

Chapter

3.

格局怎麼用

格局的真正使用方式

目前常用的格局，大約有一百多種，網路上已經有人將這些格局整理出來。實際上，《紫微斗數全書》中明定的格局只有數十種，有許多格局是後人依照古書上各類口訣整理出來的，當然這沒有什麼不對，只是整理的方法不同而已。

古文拗口難懂，所以把比較長的古文再一句句整理成簡單的格局，例如「昌鈴陀武限至投河」，稱為「昌鈴陀武」格，先記住名稱再詳讀後面的解釋，這是一種幫助學習的方式，原本無可厚非，卻因為華人只喜歡背書不喜歡理解、甚至不願意理解的讀書習慣，所以往往望文生義，最後曲解含義。然而有趣的是，命理界的實際市場法則，只要準確率有百分之三十，大概就可以開業了，能到五、六十，大概就是厲害的老師了（其實在各行各業都是如此，股市分析師、醫師，甚至廚師，都是這樣。試想有哪一位廚師能真正把每一道菜都做得很好呢？股市分析師一生能有百分之六十的預測都準確，也已經是天王等級了），所以在不求甚解跟以訛傳訛之下，就容易讓人誤解所謂格局的意義跟真正的組合要求。就像是老公常抱怨老婆不會做菜，街坊鄰居也說老婆廚藝不佳會影響感情，傳說是如此，書上也這樣說，口耳相傳後，老婆就覺得一切的婚姻問題都來自於自己不會做菜。事實上，可能只是夫妻性生活不協調，老公不好意思直接說是床笫不合，只好拿做菜當藉口。這類只用表面看事情，結果反而無法解決問題的情形，命理界處處可見，無論是學習上的錯誤，或是實際算命諮詢時，老師給出錯誤意見，反而造成更多問題的情況，比比皆是。這都是因為我們太容易斷章取義地擷取資訊，格局的應用就最常出現這樣的問題。

所以，雖然前文沒有列出全部的格局，但希望藉由這些解釋，讓大家發現所謂格局的真正含義，為何會產生，用途是什麼。知道了原始含義，才會了解古書上為何還需要那麼多註釋，以及該如何解讀那些註釋，這樣學習才不會有錯用的情形。

現在我們可以理解，所謂格局，其實只是命理中一個大型的分類項目，就像量販店會幫我們分好牛肉、雞肉、海鮮。書上也會告訴我們，各項分類該如何使用以及細部的分析，所以我們一方面需要理解這些細部的分類項目與各自代表的真正含義，另一方面需要知道自己是否適合這些食材，是否有能力利用，甚至有能力用它們來開一間米其林餐廳，其實這都要靠自己的努力，努力學會了解，並且學會應用。

在努力之前，我們當然需要知道努力的方向，還需要知道重要的觀念，也就是格局與宮位的關係。

格局需要對應宮位
才能產生效應

紫微斗數盤由十四顆主星跟十多顆輔星搭配十二宮，組成各種排列組合，若以主星來說，整個排列組合其實只有六種，然後再做出變化。

搭配上各類輔星之後，再整理成各類格局。以排列組合來看，每個人都很容易遇到各種格局，「七殺朝斗格」，六個人之中就有一個，「日月並明格」，三個人有一個，機率這樣高，當然不可能出現書上所說的情況，否則就滿街的富豪跟壞女人了，也因此，我們在前文中不斷提醒，對於各種格局的解釋，需要搭配上許許多多的條件，而這些條件中有很重要的一項，就是跟宮位的關係。

簡單來說，如果說的是所謂當大官的組合，例如「陽梁昌祿格」，就必須放在跟工作有關的宮位上，例如官祿宮或命宮（命宮掌管十二宮，所以跟什麼都有關係），若放在僕役宮，跟自己的關係就不大，頂多只能說自己喜歡和這類的人往來。同樣的概念，各類的富豪格局，若放在官祿宮，效果就不太大，要放在財帛宮才有用。放在夫妻宮，那就更別說了，千萬不要以為可以因此找到一個金龜婿，頂多是自己希望有個金龜婿而已。

各類的格局需要放在相對應的宮位，才能產生實際效用，否則只能用那個宮位的特質去解釋，這是大家在使用格局時常常忽略的觀念。對紫微斗數來說，每個星曜都必須依照宮位的含義來解釋，因此對於格局這個以星曜組合產生的分類，當然必須依照宮位去對應，否則就無法產生意義，這是一般人在學習紫微斗數時常出現的錯誤認知，不小心就誤會自己很卑賤，或者一直以為自己會當大官。還記得之前提到的「日月照壁格」嗎？要放在田宅宮才算數，並非每個好格局都是放在自己的命宮。

圖五十四／　十四主星排列變化

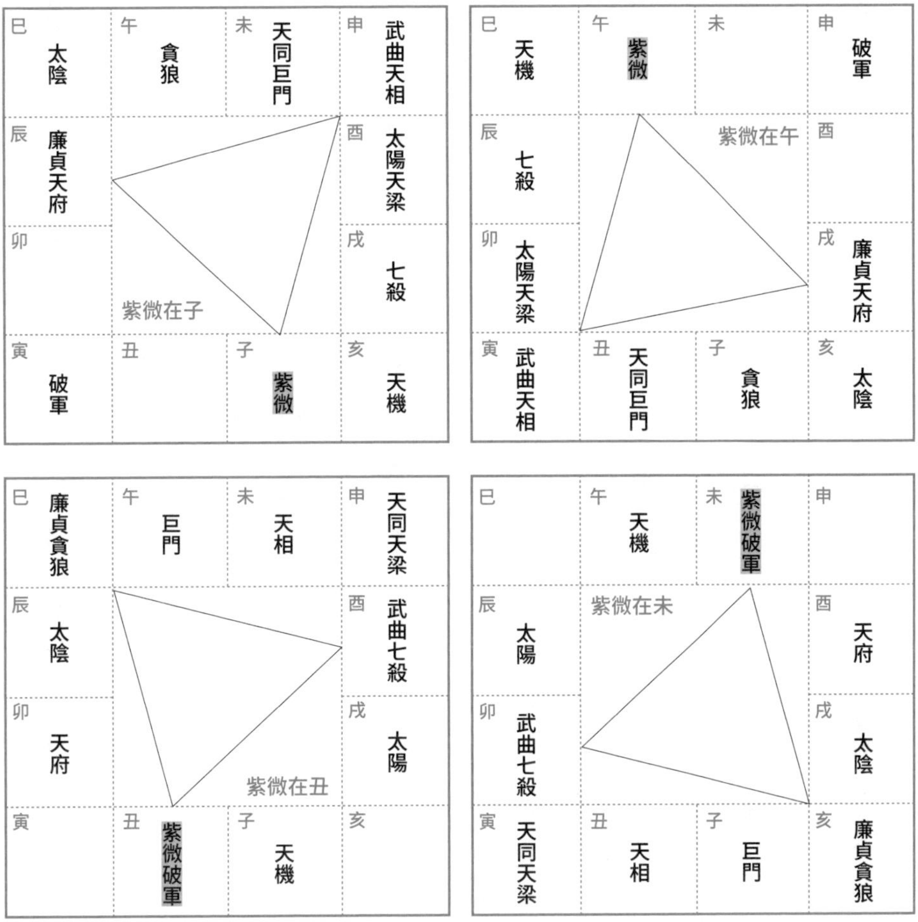

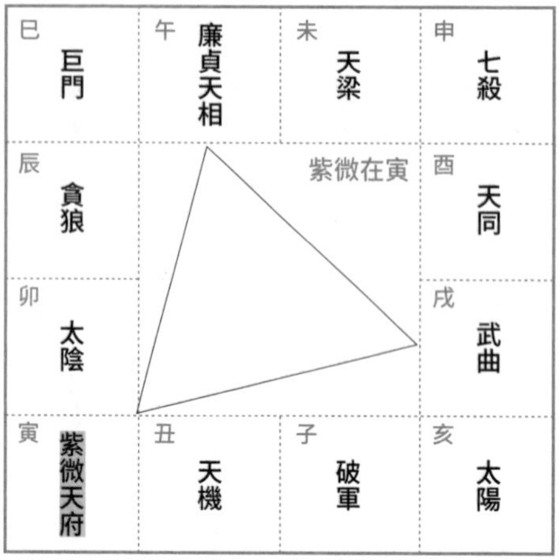
巳 巨門
午 廉貞天相
未 天梁
申 七殺
辰 貪狼
紫微在寅
酉 天同
卯 太陰
戌 武曲
寅 紫微天府
丑 天機
子 破軍
亥 太陽

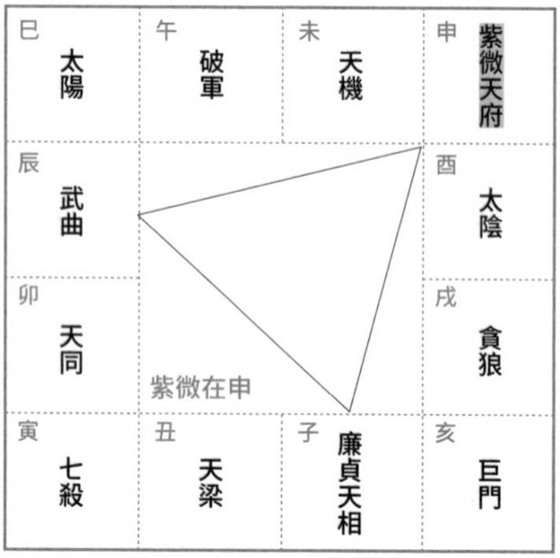
巳 太陽
午 破軍
未 天機
申 紫微天府
辰 武曲
酉 太陰
卯 天同
戌 貪狼
紫微在申
寅 七殺
丑 天梁
子 廉貞天相
亥 巨門

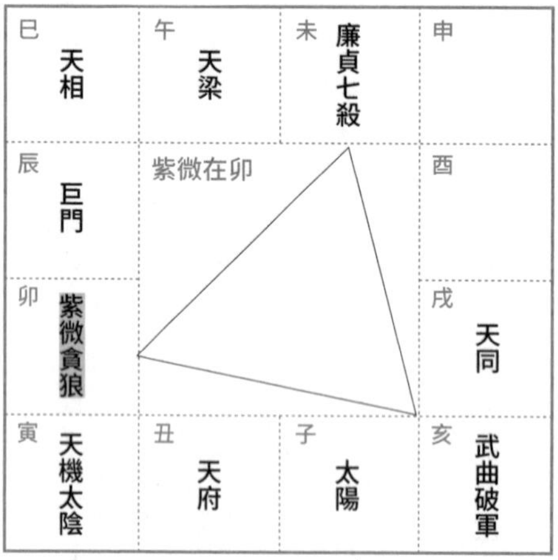
巳 天相
午 天梁
未 廉貞七殺
申
辰 巨門
紫微在卯
酉
卯 紫微貪狼
戌 天同
寅 天機太陰
丑 天府
子 太陽
亥 武曲破軍

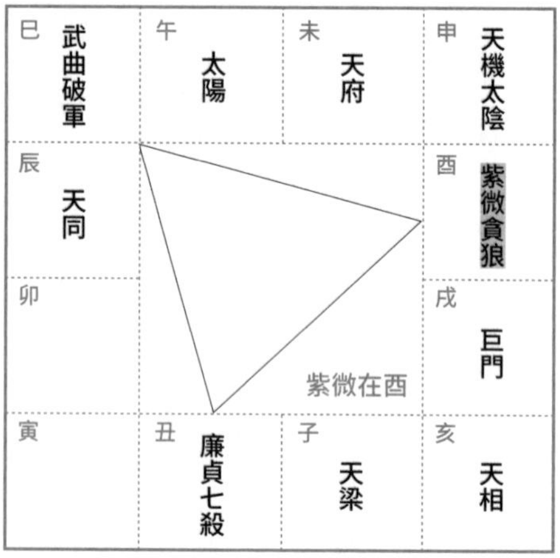
巳 武曲破軍
午 太陽
未 天府
申 天機太陰
辰 天同
酉 紫微貪狼
卯
戌 巨門
紫微在酉
寅
丑 廉貞七殺
子 天梁
亥 天相

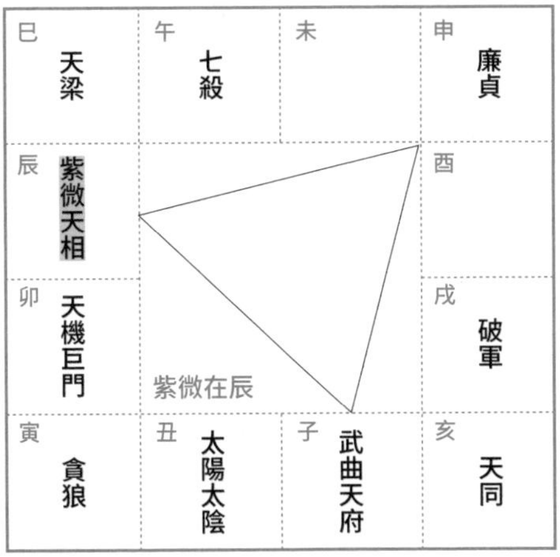
巳 天梁
午 七殺
未
申 廉貞
辰 紫微天相
酉
卯 天機巨門
戌 破軍
紫微在辰
寅 貪狼
丑 太陽太陰
子 武曲天府
亥 天同

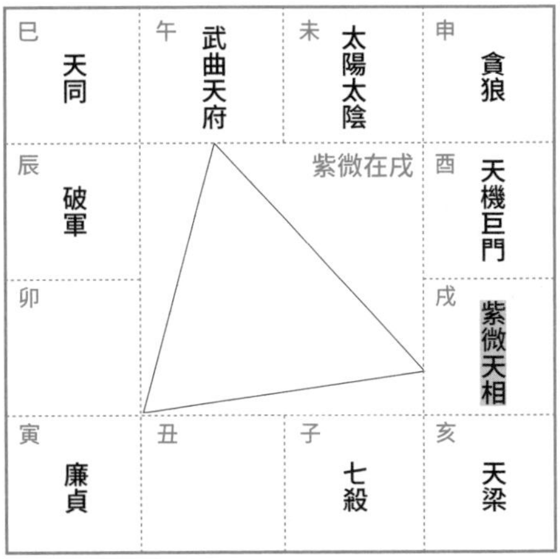
巳 天同
午 武曲天府
未 太陽太陰
申 貪狼
辰 破軍
紫微在戌
酉 天機巨門
卯
戌 紫微天相
寅 廉貞
丑
子 七殺
亥 天梁

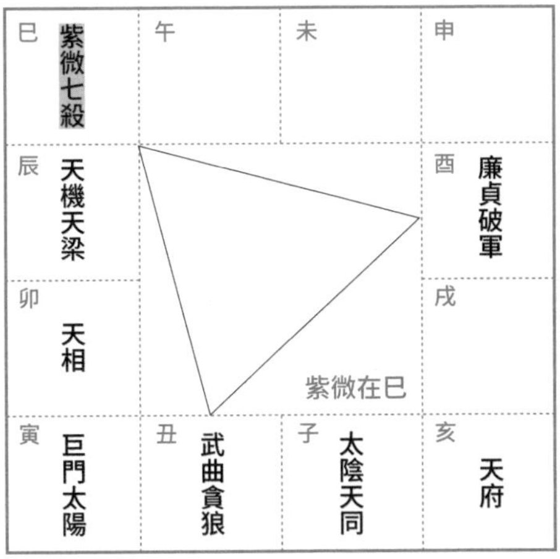
巳 紫微七殺
午
未
申
辰 天機天梁
酉 廉貞破軍
卯 天相
戌
紫微在巳
寅 巨門太陽
丑 武曲貪狼
子 太陰天同
亥 天府

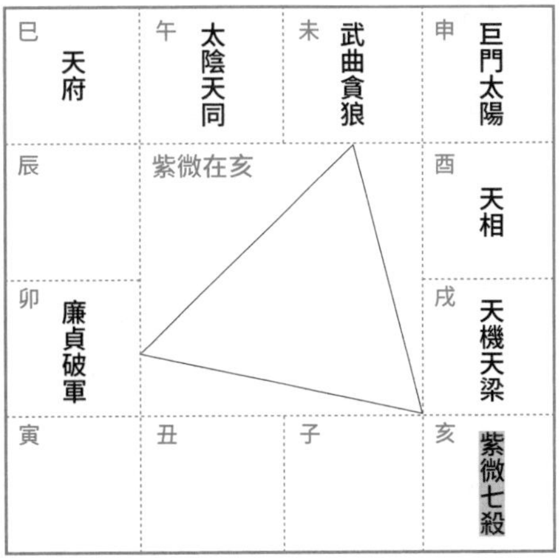
巳 天府
午 太陰天同
未 武曲貪狼
申 巨門太陽
辰
紫微在亥
酉 天相
卯 廉貞破軍
戌 天機天梁
寅
丑
子
亥 紫微七殺

如何才知道自己命盤上是不是有格局

我們必須記住幾個重點：

1. 盡可能用古文理解。現代有太多書籍斷章取義，格局的組合來自古人的統計學，統計出來後，該有的條件，我們不能自行刪除或增修。或許因為時代背景不同，古文所說的比較誇張，但是至少註釋中提及的條件組合是一定需要的。至於那些條件組合是不是會有足夠的富貴跟那麼痛苦的倒楣事，那是另外一回事，仍然需要對應現代社會的實際情況，但是至少從古文去理解不會有錯。

2.

沒有古書怎麼辦？沒關係，現在網路發達，搜尋就有。

3.

懶得搜尋怎麼辦？沒關係，因為這本書已經整理列舉出不少格局。（若你連搜尋都懶，顯然你是初學者，前面這些格局已經足夠你使用了。）

4.

拿一張白紙畫上十二宮，將古文上面提到的格局條件一一填上去，再對照自己的命盤，看到一樣的圈起來，完全相同的表示命盤上格局的條件足夠，條件不夠的表示不足以形成那些格局，可能是你不夠會賺錢，或者還不夠倒楣。

5.

幫自己整理跟找出命盤上的格局時，就可以利用這些天生擁有的裝備，幫自己在人生路途上好好走一回。

你得喜歡，才有辦法利用格局改運

就本命盤來說（本命盤代表的是與生俱來的一切特質跟能力），這些格局就像老天給我們每個人來到這個世界上旅行的行李包，裡面有每個人在這趟人生旅程中所需要的工具跟法寶，有些人帶得多，有些人帶得少，有些人專門帶著開山的工具，有些人怕旅途寂寞，帶了許多書籍，每個人都有所不同，但是出門旅遊是否一定要帶哪類行李呢？其實不一定。這個人遇到的路途都是高山險峻，那麼登山設備不能少，否則就會很痛苦，如果背包裡面裝著整套金庸小說就慘了。同樣地，如果他的旅途是平靜的道路、寂寥的沙漠，這時候沉重的登山設備可能就變成負擔，還不如有一本好書可以打發路途的寂寥。所以對於本命盤上天生的格局，我們不能單純只看書上所寫的好壞，除了前面提到真正格局的成立需要具備的條件，還需要了解這樣的格局是否適合他的人生路途。

因此，在利用命盤並且對照出自己命盤上的格局時，還需要注意幾件事。首先，這樣的格局特質，是否是我們喜歡且需要的，實際上的算命過程，命理師可以依照客人的大限命盤，流年、小限，甚至是流月，去推算本命盤具備的格局在當下實際對於命主的影響，但是更真實的情況是，我們可以想想這樣與生俱來的特質是不是自己所要的。對於預測學，人往往希望的是直接給予一個答案，對於天氣的預測、股市的預測，或許可以給一個答案，然後讓自己判斷該不該出門、能不能投資，但是對於命理的預測，因為牽涉了自己的個性特質，因此，純粹期待命理師給出一個答案，或許是一種方案，但是通常這樣的方案對於命主沒有太多的幫助，必須靠命主自己內心願意接受與改變，才能達到所謂的改運。因此，除了找出命盤上的格局特質，問問自己的內心，是不是喜歡這樣的格局，或是希望是怎樣的格局。

你誤會了喔！
常見的格局錯誤應用

對於格局的錯誤應用，除了我們常常看見的，將這些分類大綱很簡單地誤會解讀，像是「機月同梁為吏人」，機月同梁格的人只能當公務人員或上班族或者幕僚人員，甚至將它分類為輔佐型人才，不但是望文生義、簡化格局特質之外，還忽略了格局的真正組合需要有足夠的條件，以及前文所說，格局必須對應宮位才能真正對自己產生含義。

另外一個常見的錯誤認知與應用，就是容易簡化格局帶來的可能性，將格局定義出來的描述，等於所代表的一切。如同前面說的，看到機月同梁格，就覺得只能當工作人員，甚至是小小的工作人員，更別說忘記書上原文說的「小吏」，其實是小官的意思，並非只是小工作人員，因為在古代，只要是公務機關的人員，都會被當成某種層面的官員，再小的官也比平民大，這跟現代的公務人員是完全不同的層次意義。因為紫微斗數完成的時間在明清兩代，所以需要從這兩個朝代的觀點去看書中所說的意義。

這類例子在各類解釋格局的書籍中，不勝枚舉，通常是源自對於古文的錯誤解釋，以古論今往往差異會很大。並且單純地只依照字面去解釋，限制了它的可能性，例如太陰天同在子的「月生蒼海格」或者「福蔭朝綱格」。

圖五十五／月生蒼海格

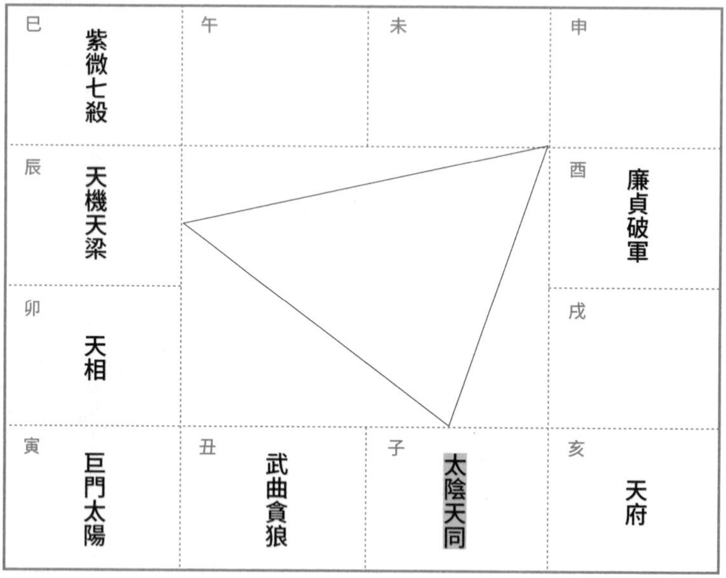

一般被認為是清官的格局，是一個會好好工作，很清廉的人。如果遇到比較古板的老師，就會跟你說：「你只能當個上班族，最好是考公務員。」讓你喪失人生的其他可能性。沒錯，天同星是一個與人為善，不貪心、不鬥爭，並且人緣好的星曜，有好福氣、不貪心又與人為善，當然容易當清官。所謂善良通常來自於衣食無慮，加上在古代，穩定工作是傳統華人文化的最佳標準。華人文化有很深的封建思想，尤其是明清兩代，因此穩定乖巧是社會主流價值，才能方便帝王統治。但是太陰天同這個格局組合，其實相當適合當老闆，因為創業的人需要很好的人緣跟運氣。

然而，在對格局的字面解釋下，許多人忽略星曜本身的特質含義：太陰跟天同這兩顆星都會遇到化祿跟化權，並且對面是空宮，可以借星曜到對宮（空宮觀念建議參考我的 youtube 免費教學影片），很容易就會是雙祿交持，或是雙權，或是同時有祿、有權，基本上這就是個創業的好條件，有能力、有人緣、懂得掌握人心，還有人願意幫忙自己，也願意助人，再加上運氣好，不得不說這種人不只適合當個上班族啊！可惜的是，因為流於字面意義的格局解釋讓人忽略了星曜的原始價值，限制了人生的可能性。

這就是在理解格局時，我們需要知道的事情。這些星曜是老天給予我們的特質，書上所說的則是這些特質的基本分類，並非一定與必然的結果。可見，對古書的字面理解過於簡單、對書籍完成時的時代背景不了解，以及對於古文的錯誤認知，都會導致我們曲解自己命盤上的格局，甚至影響人生走向。

有個很有趣的例子是「路上埋屍格」，這聽起來就是個讓人驚恐的格局，嚇到吃手手。實際的情況是什麼呢？這是來自古代竹林七賢，那七個因為對政治失望而追逐心靈放縱的老嬉皮，其中一人對自己的員工説，希望可以自由自在地生活，最後死了就隨便埋在路上。

（原文：紫微斗數全書　卷一　太微賦　七殺廉貞同位路上埋屍

《晉書・列傳十九・劉伶》載其：身長六尺，容貌甚陋。放情肆志，常以細宇宙齊萬物為心。澹默少言，不妄交遊，與阮籍、嵇康相遇，欣然神解，攜手入林。初不以家產有無介意。常乘鹿車，攜一壺酒，使人荷鍤而隨之，謂曰：「死便埋我。」其遺形骸如此。）

但是因為大家只做字面解釋，結果讓人相當害怕。

面對這樣的情況，我們在學習紫微斗數的時候，當然不能只是照表操課，除了要讀懂真正的含義，了解真正的優缺點與可能性之外，還要能夠以此來解決我們的人生問題。就像知道自己與生俱來的背包裡有什麼工具，除了可以了解基本特質，知道怎麼應用之外，還要發揮出最大可能性，例如背包裡裝著金庸小説，除了用來打發時間，是不是也可以拿來當枕頭，或者跟別人交換其他東西，或是可以在危難的時候拿來擋刀子跟生火呢？唯有靈活面對自己的命盤，才能夠把天生的特質發揮出最大力量，也才能夠幫助我們真正做到改運。

Chapter 4.

破局

格局為何無用

傳統命理常被人詬病的、甚至學生時常提問的格局問題，都是因為前面所說的各種原因，造成錯誤解讀，才會有格局無用的問題。一方面是格局不能單純利用背誦口訣來解釋，另一方面是格局其實需要的組成條件很多，如果沒有足夠的條件，格局就沒有用了。這個問題也是遵照古書為紫微斗數基本論命基礎的三合派，常被人議論的原因之一。問題是三合派幾乎可以說是最原始的紫微斗數流派，也是最遵照古書的流派，如果古書是對的，為何他們的說法會有問題呢？可想而知，不是三合派不準，也非古書不對，古書如果不對，不可能現在各流派還是以古為尊，並且引用古文；如果三合派不準，也不會主導了紫微斗數那麼長一段時間，所以還是人的問題，是我們往往只用自己的想法去理解，而不是理性地分析，用了自己喜歡的片面解釋，而不是真正研究古書文字的含義。所以，格局為何無用，其實在於使用的人不會用。

如果說格局最初是產生來幫助大家學習，以及掌握大數據所做的分類，就必須知道這是概略型的分類法則，就像我們去超市看到的牛肉、豬肉、海鮮等分類，但是不能因為自己覺得牛肉比較高級，就說除了牛肉之外，其他肉都不好；不能因為自己愛吃海鮮，就覺得牛肉不好吃；或是覺得應該要吃素，所以吃肉的都是壞人。這是以自我的價值觀單純地評論這個分類，但紫微斗數給予的是中性的價值觀，就像古書上所寫的，其實也包含了作者當下在那個時代的價值觀一樣。

這種依自我價值觀進行評斷批判的問題，如果用在實際算命上，我們就會說，「你是某某格局，所以會如何如何」，「你因為怎樣的格局，所以應該怎樣」，感覺起來鐵口直斷，尤其格局的名稱喊起來鏗鏘有力（古人寫東西沒有別的，就是喜歡浮誇的文字），著實令人不禁在意甚至深信不疑。實際上，這樣的解法代表算命者在展現功力的同時，不給命主其他的人生機會，也讓命主傻傻地以為自己的人生就是如此，或者聰明的命主會覺得這樣鐵口直斷的老師程度不好。但是坦白說，以傳統的命理教學方式來看，這是無可厚非的，因為那個老師在學習的時候，他的老師可能也是這樣教他，或者說在實際算命時，這樣的氛圍跟態度，對於命理師的商業行為來說，比較容易展現專業跟能力，並讓客人相信，所以才有許多這樣使用格局的情形出現，但是出錯率也相對提高，並且讓人覺得命理不夠科學。

還有一個問題是，紫微斗數其實不只有本命盤，還有運限盤，有時候本命盤不具備足夠的條件，但是來到運限盤的時候，受到外界時空環境的影響，卻是條件俱足，無論是造成好的或是壞的事情，例如前面提到的「蔭祿夾印格」，是天梁跟天相放在一起，天相跟武曲同宮，武曲化祿才形成「蔭祿夾印格」。

但是如果剛好有某個流年，造成了天相化忌或者武曲化忌，再加上宮位中出現陀羅星（雖然擎羊星比較是正式的刑，但陀羅有時候也算），或者三方四正有擎羊星進來，變成「刑忌夾印」，就會變成本來這個大限賺錢很輕鬆，卻因為運限的外界力量，在這年反而會在理財或財務上有些問題。同樣的主星、同樣的宮位，會因為不同的煞星與各類吉星、四化而產生不同的變化，甚至格局直接產生變化，從輕鬆賺錢到被朋友倒錢。由此可知，若單純地用格局去論命，很容易就算錯。

圖五十六／蔭祿夾印格。武曲天相同宮武曲化祿

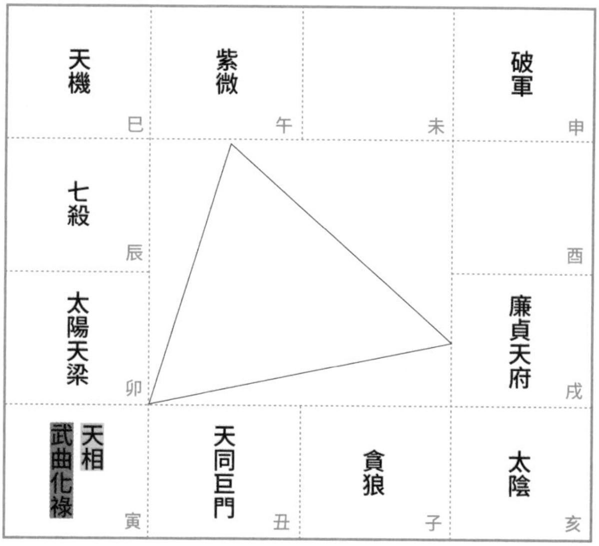

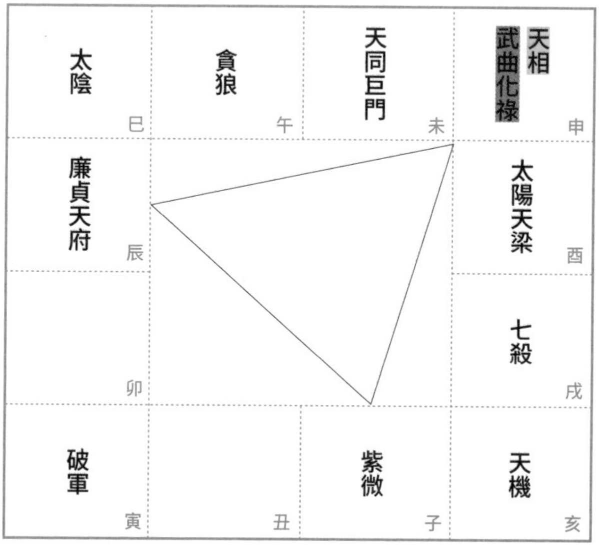

圖五十七／ 刑忌夾印格，武曲天相同宮，武曲化大限忌，流年為辛的擎羊在三方四正。

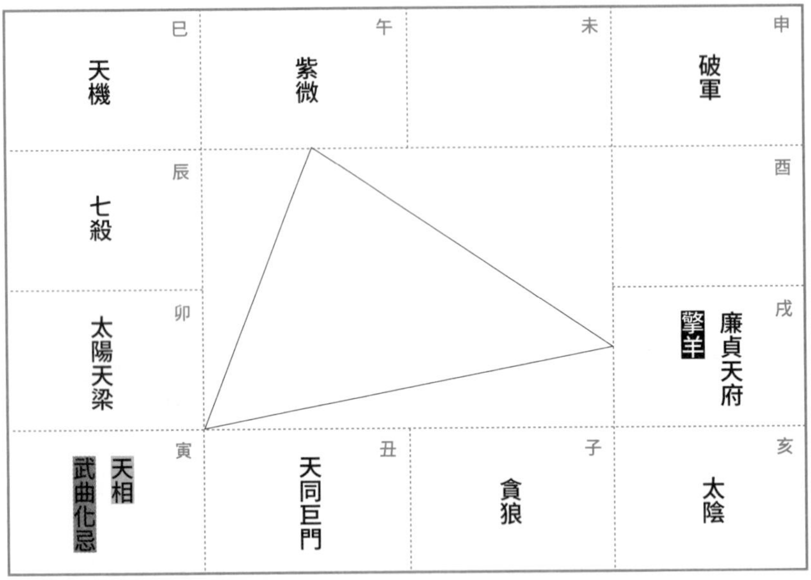

這就是格局在近十多年被認為沒有用的原因，但是我們仍可以看到很多人想簡單地用格局就學會紫微斗數跟討論命盤，因此產生了許多問題。不過如果能夠了解格局的含義，知道它的組成原因，就可以利用格局來幫助我們改運，因為它讓我們知道自己缺乏什麼、需要什麼，尋找更多更適合的資源，讓自己不要落入危險狀態。就如同當你知道背包裡帶的是金庸小説，就別去爬很高很難的山，在郊區小山悠閒的走走也很不錯。了解自己在運限中必然會遇到高山，但是裝備帶得又不夠，就可以提前做準備，看看是不是能夠找到朋友幫忙，或是換個方式登上高山。這麼利用格局這個古人幫我們整理好的大數據，簡單快速地整體了解自己的需要跟會遇到的事情，可以幫我們做出分析，歸結出應該有的判斷，才是格局真正的用法以及可以給予我們的幫助。

擁有好格局卻力不從心的六個問題

從前面對於古書中所謂格局的分析跟解釋，就可以知道，在古書中各式各樣好似武俠小說的招式名稱其下的註釋中，包含了紫微斗數的原理與結構，這些註釋其實是依照紫微斗數的基本原理所做出的對於各類口訣的應用。

在紫微斗數中，星曜跟宮位是最主要的基本結構，宮位代表環境因素，星曜則代表自己在這個環境中的能力跟表現，還有價值觀與態度，這是整個紫微斗數的基礎。因此，《紫微斗數全書》中的任何一個條文，都是依照這個架構運行，各類輔星是幫助主星在宮位內發揮效果，而紫微斗數的命盤又分為本命盤跟運限盤，本命盤代表天生的能力跟價值觀，運限盤則代表當下的價值態度以及因此發生的現象。這些基礎理路，是最容易在學習過程搞不清楚的，但是只要能夠依照這個基礎理論去學習，就可以知道古書中各類看起來彼此衝突的條文，以及各式各樣看起來嚴重甚至不可思議的解釋，是怎麼一回事。

我們常見到書中所謂看起來很不錯的好格局，實際在命盤上卻非如此。

● 第一個問題：所謂好格局，可能是誤會。

大多數的書籍或網路上找到的資料，並沒有說清楚各類好格局需要的條件，如同前面所解釋，單就古書上的註釋，就足以讓人發現真正的好格局其實很難符合全部條件，例如「日月照壁格」，要放在田宅宮才算數，這一點如果沒有下點苦功看古文，很容易就誤會了。又或者「羊火威震邊關」，擎羊跟火星同宮這一點其實要在辰戌丑未宮才算數，其他都不算。

● 第二個問題：所有的格局產生，只是表示擁有基本條件。

就像要蓋一棟豪宅，需要有好的地點，但是如果只有好的地點，設計師不對、蓋得不好看、建材用得不好、家具選得不好，最後也無法賣出好價格。所以所謂好格局，最後會不會成為真正的好格局，還是要看是否有足夠的吉星跟化祿、化權、化科，甚至是祿存，一旦缺乏這些，就像買賣房子，只擁有好地段就想要賣豪宅價格一樣，效果恐怕有限。

古書上有時會寫出需要化吉（化祿、化權、化科），有些不會；有些會說需要有吉星幫忙，有些不會；甚至有時說的吉星只是單純指天魁天鉞左輔右弼，文昌文曲不算數，這一點也讓人在學習的時候很無奈，就算把第一點依照條文寫出來、對照好，可能還是不夠力。這是華文世界的陋習，不這樣鬼鬼怪怪地寫，怎麼能夠確保這些祕訣可以傳子不傳女，不被外人學走，除非你付了很多錢，磕了頭發了誓，洗上三年四個月的內褲，呑下所有家務，老師才會願意教導技巧。

這不夠力的原因是，所有的好格局對照紫微斗數的基本原則，要賺錢發大財的（大富）都得有化祿或祿存在對應的宮位：命宮、財帛宮，有時候田宅宮因為代表財庫，也可以。要有地位的（大貴）都需要有化權、化科在命宮跟官祿宮，至少對宮也要有。而且不只是本命盤，運限盤也有運限的四化，所以只要提到可以如何如何，都是說明本身具備條件，但要看運氣好不好。至於說到終生如何的，如果現在沒感覺那也很正常，因為說的是終生大事，可能你活得還不夠久，這也就是看運限是否給予自己適當的好運。

因此，就算是完完全全很正式的好格局，還是要看是否有足夠的好運，甚至有的好格局雖然本身很好，但一直被運限出現的煞、忌破壞，那也沒用。

● 第三個問題：需要對應宮位。

要賺錢的必須在財帛宮，要地位的必須在官祿宮，放錯宮位就沒用，而且要放在對的盤，如果是天生的能力，要在本命盤，忽然會大發的要在運限盤，例如「火貪格」這種忽然大發的，其實要等運限盤出現才算，千萬不要看到命盤上火星跟貪狼放在一起，貪狼還化祿，就很開心，結果發現那是在疾厄宮，可能要到很晚年才會走到那個宮位。

● 第四個問題：要注意福德宮。以及所謂的好運，每個人有不同的認知。

書上一直提及要注意三方四正，但是其實代表運氣的福德宮相當重要，如果一切的組合都完美了，卻發現福德宮很差，也一樣有問題。

而所謂的好運，事實上，每個人的認知標準都不同，有人覺得一年賺一千萬元是富豪，有人覺得賺一百萬元就算，但這世界上可是有許多人一分鐘賺一百萬元。這是所有命理學都會出現的問題，書中的描述並非一個絕對值，而是相對值，所謂的富是比較出來的，並不是絕對的富有。所謂的貴當然也是如此，這背後還要對應出生家庭以及所處環境。如同我常開的玩笑，台灣的搖滾歌手伍佰如果出生在美國，可能就是邦喬飛。

●第五個問題：古代與現代的認知差異。

對古人來說的好命格，在現代而言可不一定。紫微斗數完成的明清兩代，可說是華人社會中最封建的兩個朝代，皇帝的權力最集中龐大，因此很要求社會安穩，那樣的時代下寫出來的好命格，往往需要搭配安穩跟平穩，這背後有許多政治意義存在。想想看，如果書上說了一個所謂好命格是會衝鋒陷陣並且奪取皇位，皇帝難道不會擔心有人因此受到鼓勵而來挑戰他嗎？所以紫微天相同宮被稱為造反之局，其實擁有這個組合的人往往都能白手起家，創造一片天。

●第六個問題：把輔助格局誤會成很棒的格局。

許多格局其實是輔助格局，例如「日月夾命格」、「坐貴向貴格」，這類格局說的是一種幫助的能力。就「坐貴向貴格」來說，一般認為是一生逢貴人，一輩子有貴人相助，聽到的人會很開心，實際上卻發現自己助人比他人助己多，這是因為所謂的「坐貴向貴」，其實是自己當別人的貴人，願意幫助人，所以別人也願意幫助你。這裡就會出現一個可能性，「坐貴向貴格」一定會在丑跟未的位置，這個位置也會出現太陽太陰同宮，而太陽太陰同宮如果再遇到兩個以上的煞、忌，有很高的機率會表裡不一，這樣的人就算幫助人也不會真心，如何能夠換得別人幫助他呢？

我們學習紫微斗數的時候，容易學一樣看一樣，忘記整合使用。「坐貴向貴」

會得到一生的貴人，來自於自己會真心助人，如果本身無法做到如此，當然就不會有生命中許多貴人的感覺，就算有，也只是一時的，不會長久。

同樣地，「日月夾命格」的重點是因為古代覺得這樣的命格，父母會幫助自己，但是如果本身的命宮三方四正太多煞星，加上個性古怪又不聽父母的話，如何得到「日月夾命格」的力量呢？所以這類的格局只是幫助我們，但是書上卻寫得非常浮誇，好像有了這樣的格局就會一生飛黃騰達，這根本是一個大誤解。有人幫忙要能夠成功，還是需要依靠自己，千萬不要以為自己的人生可以無憂無慮。

扣除上述問題之後，才能說這是一個很棒的好格局。但也因為得經過如此多的關卡篩選，許多時候我們看到命盤上有所謂好格局，卻發現根本無法發揮能力。彷佛家裡有一輛好車卻找不到鑰匙，甚至明明有輛好車，開起來卻不如想像，可能就是因為上面這些問題讓你誤會自己有好格局，或是擁有好格局卻不會使用，浪費了。

以下舉例兩個著名的格局「鈴貪格」和「月朗天門格」。

1. 鈴貪格（運限盤才算數）

貪鈴並守將相之名。

假如辰戌丑未子宮安命值之是為入廟依此斷，如加吉惟子辰二宮坐守尤佳，戊己生人合格。

如圖二十二鈴貪格，貪狼在子、辰兩個位置(P.64)

這是紫微斗數中著名的「鈴貪格」，有迅速竄紅並且得到名聲地位的特質。看到「速發」這兩個字，就可以知道這是一種現象，不是個性特質。既然是現象，就必須發生在運限盤上，不是本命盤，並且需要在對應的宮位，需要是命宮或財帛宮、官祿宮，還要在子位或辰位才算數。因此，如果有個人本命盤子位是兄弟宮，遇到貪狼鈴星同宮，對他來說其實不太有實質含義，就天生的特質個性來說，也無法幫助什麼。

如果這個人在第二大限命宮剛好走到兄弟宮，加上貪狼化祿，就符合「鈴貪格」的狀態，要出現在運限盤，而且在命宮遇到化祿。

圖五十八／ 鈴貪格本命盤在兄弟宮

巳 天機	午 紫微	未	申 破軍
辰 七殺			酉
卯 太陽天梁			戌 廉貞天府
寅 武曲天相	丑 天同巨門 本命命宮	子 貪狼 鈴星 本命兄弟宮	亥 太陰

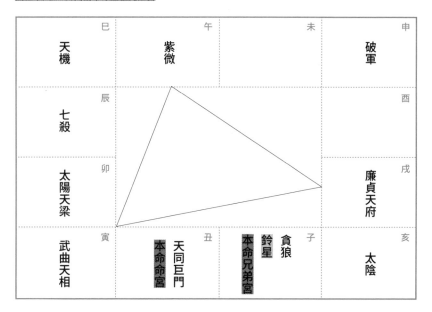

圖五十九／鈴貪格在子，本命兄弟宮，大限命宮且貪狼化祿

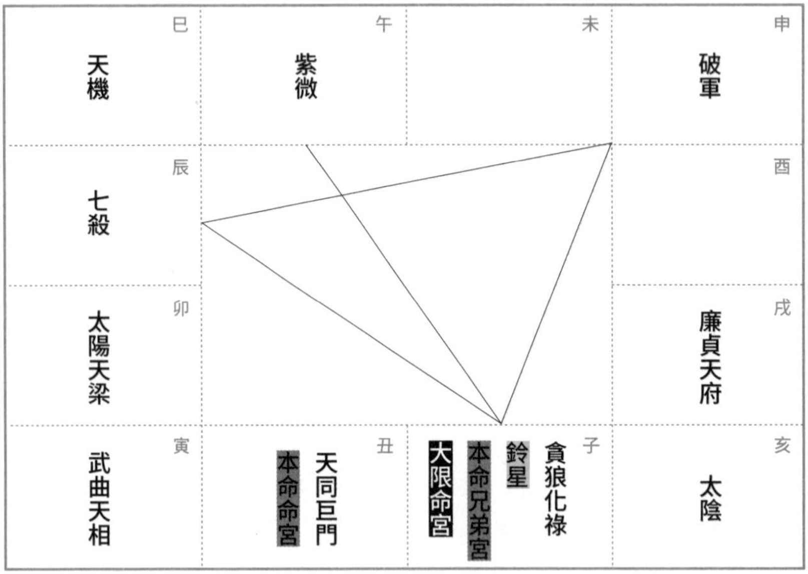

問題來了，所謂速發而成富貴格局，但第二大限通常還在念書階段，這時候能夠發到哪裡去呢？如果這個人不是在小時候第一大限就失去父母照顧，從小自己做生意，或說是有什麼特殊才能，會在念書時就參加各種比賽，否則根本沒有什麼發的機會，就算出現好格局，頂多就是在學校的表現很不錯。當然，這個人還是有機會在第六大限的時候，官祿宮會出現「鈴貪格」，但可惜已將近七十歲，是要速發什麼呢？這就是單純地只記得自己有「鈴貪格」，以為運勢很旺，結果往往帶來失望。

2. 月朗天門格（天生好特質）

月朗天門進爵封侯。

亥宮安命太陰坐守，更三方拱主大富貴，無吉亦主雜職功名，丙丁生人主貴，壬癸生人主富。

如圖三十一月朗天門格，太陽天梁在卯（P.85）

這是太陰星著名的格局，也是傳說中馬前總統的格局，重點一樣是需要三方有吉星幫助，還需要祿存或化祿幫助。但是看古書對於「月朗天門」的格局形容是晉爵封侯，就可以知道這不是一時的現象，而是天生具備的特質。因為晉爵封侯不會只是一時之事，當然如果運限遇到，也有可能是十年大限的官運不錯，但主要說的還是天生特質跟能力。

天生的能力跟特質只表示擁有這個組合的人，剛好太陰星在旺盛的亥位，還需要遇到祿存或化祿，這個人的人緣還不錯，加上對宮是天機星，善於思考與分析，並且一定要在命宮，如果太陰在命宮，剛好太陽星跟天梁星同宮在官祿宮，官祿宮只要遇到天梁或太陽化祿，再加上文昌在三方四正中，就會形成古書中很適合當官的「陽梁昌祿格」，就現代來說，在大公司的發展也會相當不錯。但無論是要當大官或是要在大公司發展，都需要一定的時間去努力，不會是一瞬間的事，所以需要在本命盤，再加上這個人的每個大限都不錯，天生條件好，運氣又好，才可以做到晉爵封侯這樣的浮誇形容。

其中還不能遇到太陰星不喜歡的煞、忌，否則就會在過程中覺得懷才不遇（天生命格很好，但是運限不佳，有煞、忌進來，會因為運限進來的煞、忌，而讓自己原本的太陰星特質受到損傷，但是先天的特質還是存在，因此會有對自己的期待有落差、對自己無法滿意，當然就會感到懷才不遇。）這是適合本命盤的格局，卻又會一直受到運限影響的命格。

因為會有許多因素影響，所以讓人覺得好像有好命格，卻無法發揮或不如預期的問題。

看懂五個難點，一手爛牌打到好

會有好命格被誤會，傻傻期待卻只得到傷害，當然也有看起來很差，卻風雨生好運，災難見黃金的格局。

如果仔細看所謂很差的格局，跟好格局往往只是一線之隔。依照古今看法落差很大的情形來看，對古代來說不好的，往往對現代而言很好。從古代的角度來說，蔡依林這類歌舞名伶，完全就是個不入流的工作，甚至是個被拒絕明媒正娶的人，在現代卻完全不是這麼一回事。所以，所謂爛格局跟好格局，對我們來說會有認知上的問題，也會因此產生誤會，甚至讓我們在算命的時候，不但無法解決自己的困境，反而更加糟糕。因為依照古書上的錯誤解讀，人生根本不存在希望，動不動就叫我們往僧道路線走，反正倒楣到某個程度就出家，窮困到某個境界就修道，說得好像出家修道就可以不愁吃穿，沒有煩惱一樣。

我們來看看所謂的爛格局，通常具備怎樣的條件、有怎樣的困難，讓我們覺得人生無希望，忘了其實江湖無難事，只怕有心人。

●困難一：所謂爛格局，簡單來說就是煞、忌很多。

為什麼呢？別忘了在古代怎樣才算好命？一帆風順且事事如意。雖然這樣的狀況很多時候就是一事無成，但是我們也會用「沒有壞事就是好事」來安慰自己。可想而知，在明清兩代的價值觀裡，生活安穩很重要，安穩之餘來點化祿、化權，那就完美了。而所謂煞、忌，說的就是四煞星跟化忌。

紫微斗數把四煞星當成人們最原始的基本獸性，以及因此衍生出來的情緒。人類之所以有聞名的建構，就是因為我們壓抑了獸性，甚至在適當時候利用了獸性。四煞星代表的正是一股原始的力量，無論是擎羊的果決與固執，或者陀羅的糾結與舉棋不定，火星的衝動與熱情，或是鈴星為了目標可以發揮的堅忍與自我折磨，這樣原始的情緒，如果太多了，會讓自己受情緒控制，反而失去了主星可以給予的好力量。

就像太陰天同同宮，本來都是桃花星，願意照顧人又善良，還不跟人爭執，這時候若加上擎羊在裡面，希望為人好、為人著想的個性，就變成很固執地希望別人照他的意思做，原本的好組合可能因為擎羊的固執而被破壞，如同為了孩子好，所以逼迫孩子用功念書學才藝的媽媽一樣。但是以太陰天同來說，對面一定是空宮，所以如果只是擎羊星跟太陰天同同宮，可能只是固執，因為對面是空宮，把太陰天同借過去，至少在對宮還可以對外展現一下太陰天同的溫柔跟善良，對內還可以思考是不是對自己的想法太過堅持。可惜如果因為運限的關係，對面的空宮進來一顆大限的擎羊星，就連借過去的機會都沒有了，一旦堅持就固執到底，自然而然變成不好的組合。

因此，所謂爛格局，通常都是因為受到這些煞星影響。還有一個是化忌，化忌是種空缺感，所在宮位會有讓那個宮位覺得空缺的問題，例如化忌在夫妻宮，對感情覺得空缺，再搭配上哪一顆星化忌，就可以知道化忌的情況如何，這在《紫微攻略2》中有許多詳細的描述。當然，很多時候我們若有空缺就會努力，不過如果遇到煞星，不但很衝動、很固執，還覺得自己很空缺，不斷受到不理性的思考影響，當然容易做出不對的事，所以如果天生有這樣的組合，當然人生也會比較不順利。

●困難二：不對的主星組合也讓人很頭痛。

各種主星都有自己喜歡的狀況，以及希望擁有的搭配，如果沒有這些組合，狀況當然就不太好，就像一輛跑車也要有好的輪胎，否則只有好引擎沒有好的輪胎跟煞車，就是等著出車禍，反而不好。每顆主星都會有這樣的情況，需要有好的主星跟輔星來搭配，以及自己擁有需要的組合。

例如天相星，好好地跟天梁星放在隔壁，如果天梁星化祿，還可以蹭一下運氣，來個「蔭祿夾印格」，感覺就像錢從天上掉下來，雖然不見得掉得多，但總是比加上化忌跟擎羊的「刑忌夾印格」犯官非好多了，所以每顆主星有他所不喜歡的事情，遇到了就不太好。

又例如「日月反背格」，太陽跟太陰重視亮不亮的問題，都不亮當然不太好，雖然有機會在適當的組合下反而不錯，但是通常都不太遇得到那個組合，只會有太陽太陰沒力的問題。

● 困難三：空劫星的可怕，這是許多爛格局會提到的問題，不過也是古書裡面給予的陷阱。

空劫星在我的部落格文章跟許多著作都曾提到，這也是因為古代價值觀跟現代不同的問題，以及看著古書很多人無法理解，說的都是星曜，但實際上紫微斗數中各種星曜其實彼此是有區分的。有一種星曜不會影響主星、輔星，卻是單純地影響宮位，空劫星是一種，長生十二星也是一種，這都是只對應宮位產生影響，因此會出現一些小問題。

在華人的思考中，只要是不能擁有的，都算不好，努力許久但沒有成果也不好，但是如果老公努力追小三，努力很久卻一事無成，這難道不是一件好事嗎？如果本來要開刀，最後檢查結果卻不需要，這不是一件好事嗎？但是我們因為自我價值觀的直觀態度，去直覺認定這是不好的事，卻忘記了，其實紫微斗數上所有的星曜，說的都是中性的事，最後結果就會像古代文人的價值觀認定下，覺得所有宮位組合遇到空劫星就不好。更別說在古書上分為天空、地劫星兩顆星，但是近代因為加入另外一顆天空星，所以把它改成地空、地劫星。這樣一改，也造成許多人誤認為現代排盤軟體上的天空星是古書那一顆，因此誤會、甚至影響許多老師都教錯了。

● 困難四：男女價值觀不同。

在古代，認為男人可以做的，女人不見得可以做，所以古書上許多所謂不好的格局，會因為男女產生不同價值判斷。

● 困難五：本命盤和運限盤的不同。

最後一點則是跟好格局一樣，我們必須區分是本命盤天生能力不好、倒楣的問題；還是運限盤才會出現、因為時運不佳才產生的問題。

這一點無論在好壞格局的判斷上，都很重要。但這通常也是初學者很難區分的。說到一輩子事情的是本命盤，說到一個時間的是運限盤，例如前面說的「刑忌夾印格」犯官非，人不可能一出生就犯官非，難道是因為偷看幫你接生的護士嗎？還是在坐月子中心偷了護士的錢，小小的手手做不到，幼幼的心靈也只在乎喝不喝得到奶，因此都不可能會有這樣的情況，所謂犯官非，說的當然就是運限才會出現，並且一樣要有相對應的宮位。

在了解這些所謂爛格局之所以爛的原因之後，就可以發現，其實爛格局也有好處。

左看很爛，右看很好的機會

有個格局是現代大家很常看到，結構簡單，名稱響亮，令人看到就很害怕，這個格局叫作「羊陀夾忌」。

一般來說，就是命宮被羊跟陀所夾，也就是剛好父母宮有擎羊，兄弟宮有陀羅，命宮還化忌，但是這個組合其實有許多版本，通俗的版本是前面說的，感覺上被兩顆煞星左右包圍，非常不舒服，相當難過，深深覺得父母兄弟好像對不起自己。先不說這個格局有諸多版本，各自產生的破壞力不同，單就最流行的來說，會出現這樣的情況，通常是這個人的命宮有一顆祿存星。簡單解釋這個組合的意思，就是爹爹不疼、姥姥不愛，代表爸爸的父母宮有擎羊，與父親關係不佳或不親，代表兄弟姊妹或母親

圖六十／羊陀夾忌

巳 陀羅 兄弟宮	午 祿存＋化忌 命宮	未 擎羊 父母宮	申
辰			酉
卯			戌
寅	丑	子	亥

的兄弟宮有陀羅星，自己對母親的感情很糾結，又愛又恨，這通常是因為母親或兄弟會給自己惹麻煩。這樣一個人，在古代重視家庭環境的社會裡，當然是相當無奈跟痛苦。但在現代來說卻不見得如此。

現代人個人生活的多，加上這個組合一定是命宮有祿存，絕大多數的主星遇到祿存都不會太差，表示這個人有能力，可以在很年輕的時候就自力更生。有時這個化忌也可以說是從對面沖過來的，但無論是在命宮或對宮，化忌說的都是一種自我要求的力量，父母無法幫忙、自我又要求、主星還得到祿存幫助，這樣看來並沒有什麼不好，就是個不聽話的小孩而已。雖然會覺得不如別人有家庭的呵護，卻不是完全不好。更別說如果這是用在本命盤，還可以有其他運限盤來彌補這些親情問題。單純出現在運限盤，說的也不過就是那個時間點，在這個格局出現的宮位上可能有些麻煩，需要多努力。

例如出現在流年僕役宮（見下頁圖六十一），祿存會在流年僕役宮，擎羊在流年遷移宮，陀羅在流年官祿宮。這就表示自己可能為朋友做得多，但是其實反而遭受一些問題，因為遷移宮會有個擎羊，一邊對朋友很好，一邊卻又在外面讓人感覺很固執，在工作上容易跟人起紛爭，最後因為化忌在僕役宮，自己很重視朋友關係，希望做得更多，殊不知越做越錯。不過除非遇到更多煞、忌環繞，否則也不過就是那一年容易有小人跟被朋友所害而已。人的一生誰不會遇到幾個沒義氣的叛徒跟不要臉的小人呢？通常都是在被朋友背叛的時候，順便把爛朋友清一清，把用心真正放在好朋友身上，不是嗎？

圖六十一／ 流年僕役宮有羊陀夾忌

巳 陀羅 流年官祿	午 祿存＋化忌 流年僕役	未 擎羊 流年遷移	申
辰			酉
卯			戌
寅	丑	子	亥

再說一個「梁馬飄盪格」，天梁在巳亥位跟天馬放在一起，再加上空劫。

圖六十二／梁馬飄盪格

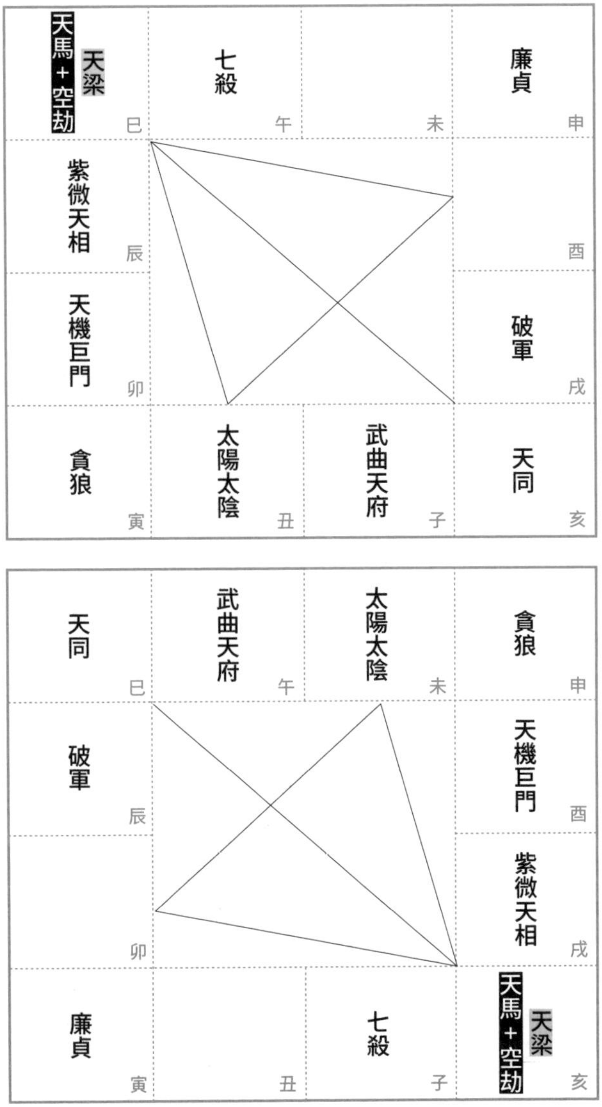

光看這名稱就感覺居無定所，而且人生不安，古書上也說這樣的人一生漂泊，聽起來就讓人不開心。實際上這在現代卻是相當讓人羨慕的。這個在古代遭到批評的格局，一方面因為天梁星在那個位置，對宮是天同，算是天梁星裡個性比較天真浪漫的，那個位置在紫微斗數中稱為「四馬地」，說的就是到處奔波的特質，而天馬這顆星只會在四馬地出現，所以如果有一個人，家境不錯，因為天梁在命宮的人通常家境都不會太差，天生浪漫又愛到處玩，加上天馬再補上一刀，會有到處奔波而一事無成的情況，最後再加上空劫星，這在古人眼中就是個每一根毛髮都匪類的人，對於重視家族、重視倫理道德、重視人生要一步一腳印努力奮鬥的傳統封建社會（其實也就只有明清這兩個朝代），這個人根本是社會敗類，所以被稱為不好的格局。

但是仔細想一下，許多時候，我們討厭一個人往往是因為這個人讓我們很羨慕；之所以唾棄他，很可能是因為他擁有我們沒有的，當我們在為家庭奮鬥的時候，這個人在吃香喝辣，先不管他會不會因此把自己吃垮了，他在吃的當下，我們也在羨慕的當下。對於很多我們在道德跟正義上唾棄的人生，其實通常是因為我們羨慕嫉妒恨，說他漂泊的同時，羨慕他可以四處遊玩，說他桃花犯水的同時，嫉妒他身邊總是有許多異性。從這個角度來看，其實這個格局根本就是很爽，只是在傳統觀念認為這是不好的人生罷了。不可否認地，一個人一直很隨興地過著自己的人生，不照傳統價值發展，這樣任性的個性遇到了不好的運限，很可能會出現問題，但是誰的人生不會遇到不好的運限呢？除了少數人以外，一定都會有幾個運限是有災難的，即使自己戰戰兢兢地活著，也不見得可以趨吉避凶，反倒是這類人可以快樂享受人生，更別說他的星曜都有化祿、化權的機會，運限走得好便有創業的運勢，再加上現代社會是個四海交流的社會，勇敢冒險勇於發展自己的人，反而會有許多成就。

最後一個遇到空劫的問題，說的是最後失去一生的努力。但是一生努力都失去又如何？人剛出生的前二十年不太有自主權，也不擁有什麼，最後十年其實已經處在一個視茫茫、髮蒼蒼而齒牙動搖的狀態，擁有再多也不重要，這時陪伴自己的通常是精彩的人生與回憶。從這個角度來說，其實這個格局在現今是相當美好的一個格局，只是必須摒除過往的傳統觀念，用新的想法來面對。

由此可知，其實許多看起來不好的格局，或許會有一些傳統價值上的問題跟困難，但唯有了解格局的本質與特色，就可以了解其中的優勢，甚至變成不錯的格局。就像人只要認清自己是個怎樣的人，就可以把特色發揮到最好。天生的命格如同老天給我們人生路途上的行李，帶了看起來幫不上忙的東西，或是帶了壞掉的工具，會讓我們在路途上不順利。如果我們可以善用工具，或者重新挑選路途，可能反而會在人生旅途看到許多別人看不到的風景，這樣心態的轉變以及對自己的了解跟認知，就是我們能夠幫自己改運的第一步。

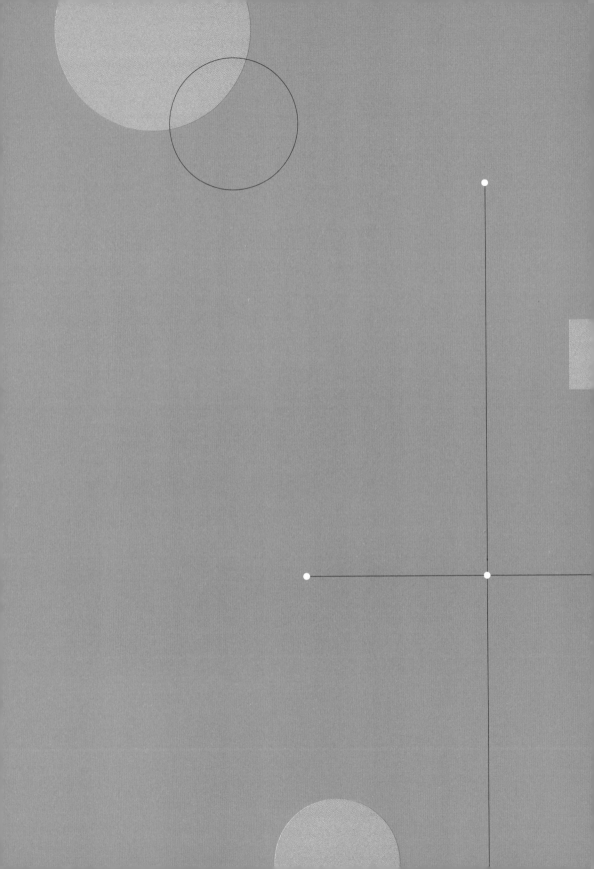

Chapter

5.

布局

紫微斗數是
改善命運的命理學

許多學習命理的人都認為紫微斗數只是算命工具，並不具有改運的能力。這是因為大多數人都將紫微斗數視為單純的命理學。不過如果了解紫微斗數的完整背景就可以知道，其實紫微斗數的原始背景是來自教導人能夠更加完備自己生命的一本佛教經典《北斗七星延命經》，因此整個紫微斗數討論的都是了解自己。透過了解自己，進而能夠在面對環境困難的時候，知道該如何解決。所謂「延命」並非延長壽命，而是讓自己在生命旅程出現考驗時，能夠更加游刃有餘。這是教導我們從自我內心跟個性去調整，並且給予明確的方式，讓我們知道怎麼去改變的命理學。

算得準確、預測事件的發生，其實只是基

本功能，甚至可以說只是一個附加價值，紫微斗數原始的含義和用途是可以知道自己哪裡不足，知道天生帶來的人生旅程背包裡缺了什麼，知道需要補充些什麼。如果紫微斗數像是一張人生地圖，格局可以說是自己的裝備檢查表，能知道要走向大山大海需要什麼裝備，想恬靜享受旅程風光要帶上什麼小品、書籍陪伴，在面對狂風暴雨前，需要先增加什麼能力。格局的安排就是讓我們可以清楚了解自身優缺點，透過這樣的自我了解，以及知道能夠如何彌補，就可以幫助自己改善命運。

認為紫微斗數只能算命不能改運的人，只是因為他們太過於專注在預測的準確度，而忘記紫微斗數真正的原始用途。至於紫微斗數到了明清兩代整合八字、風水與奇門遁甲，成為更加完備的學術系統，並且成為皇室的御用學術體系，以及有更多各類的改運方式，那就是近代的事情了。但是一切根源還是要從原始含義來看，從改變自己開始做起，透過前面對格局應用的理解，可以為自己找出人生所缺，每個人要能拿到好的格局，通常相當不容易，但是可以透過改變自我，天生不足的部分由後天來彌補，創造出屬於自己的格局，為人生布好格局。

如何補充自身的不足

命盤上的每顆星曜都可以說是自己天生帶來的裝備（特質），原則上會依照這個命盤地圖來走，並且依照這些裝備的好壞、多寡，決定旅程順利與否。

因此，傳統上所謂的改運，就是讓自己的人生旅途變得比較順利，或者找到更好的路徑（老天並不會只給自己唯一的道路，覺得命運無法擺脫，通常是因為個性容易選擇其中一條道路，忘記還有其他選擇）。或者是利用自身的改變，把原本不好的路途走成好的情況。總之，如果命盤是既定的，那麼改運就是利用後天的力量去改變命盤天生的狀況。既然天生的命盤可以影響我們的現在，我們一定也可以透過現在的力量，改變先天的情況。

傳統命理學上有許多這樣的方式，「風水」就是其中一種。風水會呈現在紫微斗數中的田宅宮上，利用紫微斗數命盤，可以知道這個人的居家情況。居家情況可以被實際改變，例如當我知道自己居家有個煞、忌沖財位，便可以在現實中將那個煞、忌改變掉，這時候其實命盤就做了改變。紫微斗數盤上的十二宮是彼此連動的，改變了田宅宮，當然連帶其他宮位都會受到改變，自然就可以達到改運的效果，這是改運最基本的利用方法。當然還有各類方式，奇門遁甲所用的布陣，也是類似概念，西方的各類學術也有許多這樣的方式。

但是，深入了解自己的命盤後，我們也可以回歸最原始的方式——改變自己。讓自己天生的特質改變，連帶改變天生的命盤，當然運勢就會跟著不同。然而，改變並非憑空想像跟做夢，例如自己只有五短身材，其貌不揚，卻希望能夠變成世界名模，那大概就是痴心妄想。有了命盤之後，我們可以知道什麼是自己有機會做到的，或許只是多讀點書，或許只是改變心態多助人，人生就可以有所改變，這是可以從格局去了解的部分。

從前面的介紹我們可以發現，一個好的格局除了主星的組合，還會有許許多多條件，忽略了這些條件，是許多傳統命理師容易在利用格局判斷時失準的原因。換個角度來說，我們之所以無法出現那些好格局的特質跟機會，只是因為少了一些條件，如果可以補上這些條件，當然就可以讓命盤上的好格局重現，不是嗎？而且這些輔助的行為並非憑空而做，是透過我們對自己的了解，知道本身已經具備了，只是缺少足夠的資源跟能力還有機會，去形成正式的好格局情況。就像我雖然其貌不揚、五短身材，還肥胖不堪，但是利用自己的可笑形象讓學生上課不無聊，有一個很像吉祥物的老師，上課氣氛當然輕鬆很多，這樣幫助學生認真學習，不也是為自己帶來很大的幫助嗎？

因此，可以利用格局給我們的基本結構，找出缺乏的部分，跟著利用自身的努力去補足原本格局的不足，就可以造成好的格局出現，自然就會改善命運，突破原本格局限制，為自己的人生布置出好格局。

通常我們缺少什麼

一個好格局的組成，主星跟宮位是基本的要件，通常每個人的命盤都可以湊到一些格局，這是基本盤，問題是真正形成好格局還需要其他條件，若少了這些條件，就像一輛好車沒有輪胎，或者一家好餐廳沒有在好地點開業，這些或許不是主要的構成元素，但是缺少了，整體就無法發揮。輪胎不過是車子的一小部分，但是少了輪胎，再好的車子都無法開出去，所以這些附屬的構成元素就某些層面來說非常重要。試想，一輛爛車有輪胎可以開出去，跟一輛好車卻沒有輪胎，哪一個比較好呢？這也是我們在學習命理時常看到的情形，一個人有著好格局，人生運途卻不如一個沒有格局的人。因此，格局的口訣之下的許多註釋，就是說明這些附屬力量的重要性與需要各式各樣的配合條件。那麼這些在命盤上不像主星，但是卻相當重要的輔助力量是什麼呢？

●六吉星

文昌、文曲、左輔、右弼、天魁、天鉞。這六顆輔星稱為「六吉星」，吉的意思是因為這六顆星可以幫忙主星，只是這個「吉」字，常被誤解為對一切都很好，讓人疏忽六吉星的幫忙各有定義。

古書中有些格局，需要得到別人幫忙，或是其他幫助，才能夠形成足夠的格局，這會依照各種星曜的特質來論定。例如紫微星，紫微的重點是要有足夠的團隊，才能形成真正的帝王特質。所謂真正的帝王，是我們心中那個有領導能力、能夠攻城略地的帝王。這樣的帝王需要有人幫忙才做得到，像末代皇帝溥儀這類皇帝其實就是缺乏了好的團隊，雖然擁有皇帝的名字，卻只有內心的尊貴，沒有實際的尊貴，當然容易懷才不遇。而紫微星的團隊，就是需要這些吉星幫助。

但是在六吉星裡，只有左輔、右弼、天魁、天鉞代表人，文昌、文曲代表的是個人思維的特質，因此紫微星需要在三方四正內遇到左輔、右弼跟天魁、天鉞，才能有團隊幫助，真正擁有紫微星的領導能力。這就是格局中常說的：需要能夠遇吉星。因為某些星曜需要幫忙，才能真正呈現出能力，這樣主星組成的格局才會是好的。但每顆主星的特質都不同，而且我們不見得會遇得到六吉星，這時候該怎麼辦呢？

●好的四化

另一個很重要的輔助力量，就是好的四化。四化是因為星曜會隨著時空環境不同，而產生不同的變化，同樣一顆星曜會受到環境不同而變動，本命盤上的四化則是因為天生的生辰訂出來的，可以說是自己天生帶來的能力。一般來說，所謂好的四化，是化祿、化權跟化科，這是三吉，所以我們在前文的舉例看到，除了很明白地說出逢祿、權（遇到化祿、化權）之外，也會說「吉化」，表示有好的四化。

這裡的化祿，除了化祿以外，也可以是祿存。有時候我們看到古書上說到祿，其實可以是化祿跟祿存這兩個。問題來了，我們不見得天生就能遇到好的吉化，好的四化，這時應該怎麼辦呢？甚至有時候遇到的是化忌這個大家不喜歡的四化，明明希望化權，卻來個化忌，格局整個歪掉，不只是好車缺了輪胎，缺輪胎還可以當裝飾品，但如果是輪胎壞掉開上路還會出車禍，可能更可怕。

這是一個在格局形成時很重要的條件，因為有些格局的星曜對應不同的四化，得到的結果完全不同，所以需要搭配相對應好的四化才有用。例如廉貞星化祿跟化忌完全是不同的走向，天差地遠。如果天生沒有，那我們該如何是好呢？後文將一一介紹利用原本的星曜來造成好的四化出現。

了解原理就可以補起來

改運是透過現實生活的變動，回頭去更動命盤，這是一個很重要的觀點。許多人都會被命盤上既定的情況局限，太多老師跟書籍告訴人們，因為你是什麼命格，所以你必定如何；因為你是什麼星座，所以命如何。這樣的說法，除了幫助那位老師嚇客人、好收費以外，實在想不出來有什麼好處。命盤從來不是這個意思，命盤上的條件跟訊息一向都是中性的，既然我們會照著命盤走，如果不照著走，命運當然也會被改變，這也是宗教界所說，信教以後人生會改變、算命算不準的主要原因。所以，現實生活中，我們可以透過自身的努力去改變，但是如同前面說的，改變星曜有個方法跟條件，不可能把胖子改造成金城武，但是可以在合理的範圍內努力，讓我們變身、讓我們的人生有不同的路線。

要在現實中改變，首要任務就是要知道這些輔助力量的原理，它們到底是怎麼來的，到底是如何幫助我們，為何它們會被這樣設定。知道原理後，就可以從現實生活中得到它們的幫助，進而創造出這些輔助力量。天生沒有的，後天可以靠自己創造，天生不像黑人有六塊肌，但是如果了解六塊肌的產生原因，當然也可以透過健身房跟飲食控制，努力讓自己跟黑人一樣有結實的六塊肌。不用只能到餐廳點六塊雞來吃，然後永遠羨慕別人美麗的身材。接下來來我們就看看這些輔助力量各自的力量與形成原因，以及該如何在真實生命中創造出來。

輔助力量1：天魁、天鉞

幫助你的資深老前輩

在早期的紫微斗數中是沒有這兩顆星的，這是引用自八字當中的天乙貴人，也就是所謂的陽貴人（天魁）、陰貴人（天鉞），意思是比自己地位高一點的人，在古代說的就是老人。因為在古代的封建社會中，比自己地位高的人通常是老人，在現代則不一定，因此可以當成是比自己有經驗的，或是地位高的前輩這一類。他們的特質是會對我們循循善誘，並且給予適當的勸導跟幫助，如果自己有走偏的惡行，也會給予制止。這就是某些書提到遇到煞星的時候會說，因為宮位內有魁鉞，有抑制煞星的功能，讓煞星損害沒有那麼大的原因，因為會有人勸導自己，並非這兩顆星可以降低或剋制煞星的損害。所以，這裡說的是在真實生活中會有人出來幫忙。

在原始的紫微斗數中並沒有這兩顆星曜，是借用八字的星曜，並且在明朝中葉以後出現的《紫微斗數全書》才正式列進來，因此我們要知道這兩顆星在紫微斗數上的含義，可以從紫微斗數中特別說到這兩顆星的格局「坐貴向貴格」來看。

天魁、天鉞這兩顆星，分別坐落在丑跟未的位置，依照斗數全書跟斗書全集或者不同流派的排列方法，這兩顆星曜會有不同位置，有時是顛倒的，但是這並無損於原本的含義。「坐貴向貴格」說的是一生逢貴人，在這裡我們說的都是本命盤，本命盤只代表天生的特質跟能力，然而一生逢貴人（遇到貴人）這件事應該是一種現象，遇到一個人，這是一個現象的發生，不該是天生出現的事，所以「坐貴向貴格」就不該說是一種天生情況。但事實上這個格局的人在合理的情況下，確實有不少貴人，總會有人幫忙，這又是為什麼呢？

因為在本命盤上，我們只能當成一種先天的特質，所以在這裡有命宮在丑，並且有天魁星，對宮一定是天鉞星，其實應該解釋成：自己帶著這些貴人星的特質，當他願意幫助人，自己也就會得到別人的幫助。這部分在前文已有「坐貴向貴格」的相關解釋。

這也說明了，所謂天魁天鉞這樣的貴人星，要在本命盤上產生出來，是因為自己願意助人，才會有人來幫助你。原始的天魁天鉞星代表貴人的出現，其實是用在運限盤上，例如某個流年自己要開刀，在疾厄宮內有開刀跡象，發現疾厄宮內或是三方四正內有天魁星，可以建議他去找較為年長的男性醫生開刀會相對順利。本命盤卻是自己具備這個天魁的特質，例如有人天魁星在命宮，無論是不是在丑、未的位置，都會說這個人看起來相對於其他同星曜組合的人成熟，而且願意在許多行為上，公開場合上幫助人，因為是陽貴人。所以，我們知道要讓自己產生「坐貴向貴」的特質，就是要能夠願意多助人。

除了「坐貴向貴」之外，許多格局裡提到這個吉星，其實都會說到是三方四正遇到。三方四正說的是自己的命宮、官祿宮、遷移宮跟財帛宮，這裡有個小小的技巧是，絕大多數的格局說的都是在這四個宮位上，除非有特別的設定。例如「日月照壁」是指在田宅宮。否則那些大富大貴格局，都是要在相對應的財帛宮跟官祿宮，因此這些格局如果說到要有吉星，就是要在這四個宮位上可以有像天魁天鉞這樣的星曜，表示能夠在工作、財運上有前輩幫忙。

現在我們知道這是因為自己助人所以別人也助你，所以要多幫忙別人。問題是該怎樣幫忙呢？會不會反而幫倒忙，反而得罪人呢？或者自己幫忙別人，但總是被出賣，那還要繼續幫忙嗎？所以應該看看天魁天鉞都是怎麼幫助別人的。

天魁天鉞作為貴人星的重點，就是「老人」跟「資深」，也就是當運限出現時，這是一個年紀比較大或是社會經驗比較夠的人。這樣的人給予的幫助會有幾個特質，首先他們會有充裕的人生或專業經驗，表示我們要扮演這樣的角色，自己先當天魁，要有足夠的專業跟人生經驗，創造命盤上會有天魁出現。若不能就專業的部分幫助別人，至少也要能夠像個老前輩一樣。老前輩會做什麼呢？年紀大的人若是正常的狀態，都會秉持善心，並且充滿溫暖跟關懷，而不是倚老賣老，甚至藉著幫忙謀取自己利益、吹噓自己成就的人。只要是真正的前輩，都會用關心跟願意真心分享與陪伴的角度，在幫助的過程中一起分擔跟承受某些責任。並且不會跟人爭功，還要具備細心跟耐心，以及明辨是非，如果人家做的事情不對，還可以給予勸導，不會一味地給予支持。因為老前輩知道不能短視近利，這些特質都是天魁、天鉞給予人幫助的特質。

● 改運要注意

畢竟人生態度要從小累積，命盤上的貴人要從年輕開始培養，但是自己當老前輩卻不一定可以有足夠的資歷。雖然小學五年級可以好好照顧一年級，可惜通常欺負一年級的機會比較大。因此，如果還沒有足夠的專業或人生經驗，但是至少可以轉換一下心態，在心態上慢慢改變，可以彌補人生經驗跟專業上的不足，用這樣的心情去幫助別人，必然會為自己累積出許多的好人緣。

輔助力量 2：左輔、右弼

無論好壞總是支持你

相對於天魁、天鉞借自八字系統，左輔、右弼可以算是比較原始，本就在紫微斗數早期的體系裡。原始的紫微斗數體系只有十四顆主星跟左輔、右弼、文昌、文曲四顆輔助星，各自代表外在的幫助以及自身的思慮。左輔、右弼就是代表外在的幫助，和天魁、天鉞相同的是，可以代表有個「人」來幫你，當然這也是在運限盤才如此使用，在本命盤上依然代表自身的特質跟能力。

除了在父母宮跟兄弟宮可能會表示有養父母之類的人出現以外，這是因為本命盤上說的是天生就具備的，父母宮跟兄弟宮各自代表父與母，這是我們一出生就具備的，因此可以說是有個人進來幫忙了父與母的角色，可能會是養父母或乾爹乾媽，至於會幫到什麼程度，當然就要看主星，因為也可能是父母外遇，這樣的忙就算是幫過頭了。

由此可以知道，左輔、右弼的幫助，是不論好壞的，至少在世俗價值上的好壞是不考慮的。這點其實跟天魁、天鉞不同，左輔、右弼就是單純的幫助。我們也可以從這一點差異看出原始的紫微斗數跟借自其他術數的星曜含義有所不同，來發現原始紫微斗數起源，跟傳統與道家淵源更深的八字之間的差異。

儘管左輔、右弼無論好壞都幫忙，但左輔、右弼一樣可以當作是幫助我們的人。在我們有困難的時候，其實更喜歡這類的人，這樣義無反顧直接相挺的朋友，就像自己要去偷情，他也會幫著自己隱瞞老婆一樣，人總是需要一兩個這樣的兄弟或閨密，不是嗎？除此之外，左輔、右弼也會依照男左女右，區分成左輔為男，右弼為女的設定。同時，也代表了傳統上對於性別角色的特質認定，左輔可以稱為比較男性特質的幫助，講義氣、信守承諾、直接了當的，而右弼則是女性層面的幫助，溫柔、關心、體貼這一類心靈層面的幫助。

因此，除了在運限盤上代表真有人出手幫忙，無論是不是幫倒忙，而在本命盤上，則是我們會有這樣的特質，因為我們自己也扮演著這樣的角色，所以會有別人助己。例如官祿宮有左輔，代表在工作上容易得到朋友、同事幫助，但這是因為自己原本就願意在工作上助人，別人才會願意幫助自己。這個邏輯跟天魁、天鉞是完全相同的，差異只在於幫助的方式。

左輔、右弼是單純的平輩幫助，所以是比較義氣相挺的，相對不去考慮所謂的社會價值以及人生經驗，當然也無法考慮自己是不是有足夠的專業知識跟能力。實際命盤應用上，我們可以發現，天魁、天鉞出現的幫助，更貼近我們心中期待的貴人，會有一種得到資源甚至提攜的感覺。左輔、右弼的出現就比較不是如此，因為左輔、右弼只是平輩關係，能給予我們的，當然比較不如天魁、天鉞，甚至當煞星出現的時候，還會有幫倒忙的問題。但是這也有一個好處，如果我們要讓自己的本命盤出現左輔、右弼的情況，其實相對容易。仔細想一下這個邏輯，提到天魁、天鉞的時候，我們說自己助人的方式，幾乎就是同時幫自己也變得成熟、穩重。這樣的人自然容易得到長輩的賞識，同樣地，當你對朋友情義相挺，當然得到比較多的也會是來自平輩朋友的幫忙。但是情義相挺比成熟穩重容易多了，單純對朋友關心，對朋友守信用，對待朋友用心，並且隨時隨地出現在朋友需要幫助的時候，就是最佳的左輔、右弼，只要用心就可以。

● 改運要注意

這裡需要注意一點小問題：左輔、右弼的缺點是可能幫倒忙，我們在讓自己命盤上出現左輔、右弼的時候，要注意自己的本命盤是否適合。首先，命盤上，我們會希望的格局通常是在自己的命宮、官祿宮跟財帛宮，還有遷移宮，但是實際上左輔、右弼在使用時，不能單獨空宮跟煞星在一起，他會幫助那顆煞星。原理是煞星所在的宮位如果是空宮，沒有辦法由主星控管，會因為個性的衝動而做出不對的決定，這時如果有左輔、右弼，表示人緣不差，會有朋友幫忙，但幫的是什麼忙呢？是無論你多衝動，他都支持你。喔！這樣怎麼可以？所以我們幫自己改運的時候，當然不能順便把問題一起改下去。想想自己命盤上如果財帛宮有煞星，例如來顆火星，而且還是空宮，這樣花錢跟燒紙錢一樣快的個性，如果再加上左輔，大概就是對朋友很大方，不在乎金錢，當然，一定也會有很多朋友喜歡你，但絕對是讓自己更會破財而已，如果官祿宮、財帛宮，甚至命宮裡面是空宮還加上煞星，這種無限制情義相挺創造左輔、右弼出現的改運方式，可能就不太適合了。

最後一個要注意的是，這是找朋友幫忙的手法，能創造出有義氣相挺的朋友，可是如果自己很不會挑朋友，這招就不太能使用。怎樣叫作不會挑朋友呢？當然是僕役宮內有煞、忌的，尤其是有陀羅星跟化忌存在的時候，本來就要小心交友狀況，若還情義相挺無怨無悔，當然絕對不行，這一點要切記。只要能夠掌握住這些原則，做一個重視朋友的人，當自己有困難的時候，朋友自然會千里來幫忙，我們就可以為自己創造出左輔右弼在身邊了。

輔助力量3：文昌、文曲

理性與感性的思慮，對自身能力的提升

六吉星中，文昌、文曲無論是在本命盤或運限盤，都不是代表人，而是代表自己的理性與感性的思考能力。當然，命盤的不同，代表的思慮也會有所不同，本命盤表示與生俱來的能力，運限盤則可能是因為當下的想法，或是外界對自己的影響所產生的決定。

以本命盤來說，文昌、文曲代表了天生的思考能力，文昌在古書稱為「正途功名」，本意就是會念書的人，因為在古代會念書是普世的人生價值，所以叫作「正途」。但是「文昌」這兩個字的原始含義，其實是指有條理有規律的思考能力。古代的讀書人，尤其是華人儒家教育下的讀書人，重視自律以及有條理的人生態度，並且重視從書上得到的知識能力，基本

上可以算是理性思考的守護者。文曲則是「異途功名」，「曲」字代表古人對於音樂的看法，在儒家教育中，音樂當然很重要，但那是在於陶冶人性的部分，尤其在紫微斗數完成的年代，音樂跟戲曲這一類是有負面含義的，畢竟科舉考試不考這個，所以這不是一個男人努力奮鬥的正確道路，於是就叫作異途功名了。由此可知，儒家學說也可以因為時代變遷給予不同的含義。文曲代表較偏向心靈層面的思慮與想法，可以說是感性的思維，這也是文曲星算是桃花星的原因，畢竟沒有感性的層面，哪裡來感情的桃花呢？

因此，文昌、文曲在本命盤上說的就是這些方面的思維能力，當然，沒有文昌、文曲在命宮三方四正的人，並非表示這個人沒有思維能力，而是他的這方面能力可能比較傾向放在朋友身上，如果文曲在僕役宮，對朋友總是會有很多巧思，也喜歡跟比較有不同想法的朋友往來。在夫妻宮有文昌，對於情感上的態度，會比較有規則，但也因為有條理跟思慮的清晰，所以會在情感上做出很理性的判斷，當然以上所述，都是在好的狀態下。

傳統命理學重視的是平衡，當文昌跟文曲出現化忌，表示會因為各類時空背景或環境，讓自己思慮過了頭，太多的感性或理性，過度的各類不同想法 以及過度要求一切照規則走，當然都會讓宮位的主星有所煩憂，例如明明主星是一顆自由自在的貪狼，卻配上文昌，這怎麼自由得起來呢？如果文昌還化忌，那就是一頭身心都被禁錮的狼了。又如破軍已經夠浪漫熱情異想天開了，再加上個文曲，該如何是好？這樣的情況在現在自由民主的年代，對於各行各業往往給予尊重甚至給予機會，但是在古代，這樣一個讓人錯亂的組合當然不被認同，這也是文昌、文曲在古書中不喜歡跟貪狼、破軍放在一起，被稱為「福不全」的原因。

了解文昌跟文曲的基本構成原理，我們一樣可以善加利用，這種星曜在本命盤，會被形容成某種天分，但即使沒有天分，一樣可以靠後天的努力，不是嗎？只要我們知道它代表的意思，就可以知道努力的方向。

以文昌來說，理性的思考能力，加上對文字的掌握能力，是主要關鍵，透過閱讀可以讓人產生善於歸納與整理的特質，並且給予自己較好的溝通跟計畫能力。所有在課業上表現比較好的人，其實都具備這樣的特色，因此，多念書、多學習，會讓我們在命盤上加上文昌星。雖然你可能會覺得自己從小到大不擅長念書，但是這不就跟我從小不擅長運動一樣嗎？既然要跟黑人比六塊肌，就必須去運動，就算最後比不上黑人，也會比另外一個胖子強，不是嗎？來到這個人間，大致上都不會太好過日子的，再好的命格都會有問題。所謂好格局其實都是比較出來的，光靠主星的組合不夠好，才需要靠輔星幫助。兩個相同格局的人放在同一間公司裡面，誰可以變成「陽梁昌祿格」去升官，不就是看彼此的比較嗎？所以努力創造成自己有文昌星，這是一種自我的要求跟信念，也是紫微斗數告訴我們自身所缺的條件，利用格局的組成，提醒我們該努力的地方。有努力自然就會有收穫，並非天生有的才是厲害。別忘了，天生有的可是要擔心時間一到文昌就會化忌呢！自己放上去的就不用這樣擔心，遇到該化忌的時候，我們拿掉就好，那一年或者那個大限，不要那麼重視條理跟規則，可以輕鬆過日子反而沒事，這樣不是更好嗎？

以文曲星來說，文曲的重點是不同的想法跟巧思，浪漫跟細膩的人生思維，但是古人不愛這類的人，所以古書上的好格局不多，但是會有某些總體格局需要，因為主星需要，是哪一類主星呢？通常都是孤寡的星曜，例如武曲或者七殺，這類星曜因為有孤寡的問題，需要帶一點桃花來讓人緣好一點。如果天生沒有帶上文曲星在宮位內，該怎麼辦呢？坦白說，感性真是一種天分，比較難透過訓練完成，但是可以透過一個方式來達成，就是：你身邊會有這樣的人，找到他們。

如果文曲星在三方四正內，自己必然具備這樣的特質，可以透過努力跟提升去完善，如果不在這裡面，必然是在六親宮位內（屬於人的那些宮位）：父母、兄弟、夫妻、僕役、田宅、子女，或是六親宮位外的福德。在這些宮位中，放福德宮依然算是有這類天分，缺的只是開發，所以多做點藝文活動，多接觸些相關資訊，可以讓自己的生活變得更加豐富，就可以讓自己擁有文曲星。至於在其他宮位，無論是代表父親還是母親，兄弟姊妹還是朋友，家人還是感情對象，勢必身邊會有這樣的人，多跟這些人接觸跟往來，就可以受到他們的影響，讓自己也具備了文曲星的能量。

再加上一個小訣竅：利用暗合宮位。如果自己的文曲星剛好在僕役宮，而僕役宮又暗合了自己的遷移宮，那麼朋友裡面較有藝術氣息、較有巧思的人，就很能夠影響自己。因為暗合的宮位本來就影響著我們，所以不妨看看文曲星在哪個六親宮位，再看看是否暗合到自己的命宮、遷移宮這些三方四正的宮位，或者福德宮，這樣我們學習他們的特質就會比較快。不過文曲星不適合放在財帛宮，因此如果暗合的是財帛宮，就可以選擇其他方法，畢竟改運的方法很多。

圖六十三／ 暗合宮範例

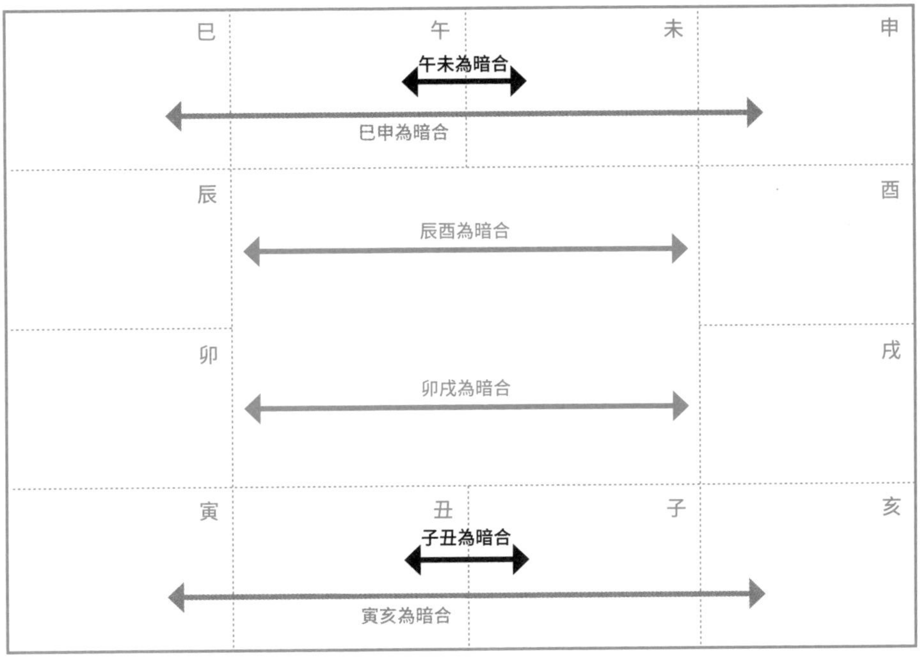

●改運要注意

文昌星跟文曲星代表了我們的思慮，缺點是不能化忌，還不能有煞星，以及不能同宮放在一起，否則會有感性跟理性搶飯碗的問題。所以，當我們利用自身的努力去改變命盤的時候，對文昌跟文曲一樣要注意，是不是原本宮位內就會遇到煞、忌。如同左輔、右弼，這一類的吉星，都是原始紫微斗數對於人性的設定，沒有好壞之別，都是中性的，因此雖然說是吉星，但如果只把它當成好的星曜，其實會有風險，所以利用它們的時候要注意原本宮位內的情況，才不會白努力一場，把自己弄得更加混亂。同樣地，在文曲化忌的年分，也要注意把自己放進去的文曲收起來。

絕大多數的格局組合都是希望可以好好念書這一類，但這是古人的想法，後面將會介紹如何把古人說的爛格局變好，文曲在這方面就有很大的功效！而這一篇說到的遇到煞、忌，很多東西都不能放不能用，可能讓人產生許多擔心，別擔心，後面將會介紹該怎麼解決煞、忌的問題，但是我們要先來看看，如果自己沒有化祿、化權、化科這些吉化，該怎麼辦呢？

吉化自動產生器1：沒有化祿我自己來祿

「祿」這個字是大家耳熟能詳的，看起來是個很吉祥如意的字眼。傳統上，「福祿壽」三個字中間的「祿」代表財，所以我們就覺得「祿」應該是代表財富，但是這個字的本意是「本來不屬於你，而多出來的東西」。

因為本來不屬於你而多出來的，所以可以使用、可以變賣、可以增加自己的擁有，最後被簡化成一種財富。但是在紫微斗數中，我們需要回歸原本的含義來看待，這是一種「多出來」的概念：本來沒有的但是多了出來。

說到「多出來」，其實是一個現象跟事件，因此，真正會有多出來的現象，會出現在運限盤，而本命盤上討論的，就是增加宮位內所代表的能力跟特質。例如夫妻宮有祿，本命盤夫妻宮代表的是我們的感情態度，跟感情相處上的能力與價值觀，有祿，表示我們有增加感情的能力，但這個增加的能力到底是增加在一個人身上，還是許多人身上，就要看主星跟輔星了。簡單來說，如果夫妻宮內是桃花星，在感情上，這個人本來就比較浪漫、有魅力，所以先天在情感上有比較多的機會，如果再給他一個祿，就會多了很多，只是多了很多機會跟他是否花心，倒是不一定，畢竟能跑很快的法拉利也不見得每天都出車禍撞到人，還是車主要看怎麼開那輛車。同樣地，如果是比較孤寡的星曜在夫妻宮，可能在情感上較不是那麼懂得與人相處，增加了祿，就可以改善一些狀況，因為會增加緣分。但是就本命盤來說，這都是因為祿而增加了那個宮位所代表的事情，以及對應的能力跟特質。這是祿的基本概念。

在紫微斗數中其實有兩個祿，一個是原本紫微斗數中四化所產生出來的化祿，另一個是明朝後，借自八字體系的祿存星，這兩個祿在斗數全書中會告訴我們是雙祿。祿存是幫助主星，增加主星的優勢能力，化祿則是因為主星的特質產生了能力。

例如武曲星在財帛宮可以當成財星，本命盤財帛宮有武曲星時可以解釋成：因為武曲勤奮努力的特質，而且很務實、重視金錢的態度，所以在財帛宮有這樣態度的人，通常容易賺到錢。若是加上祿存，因為祿存是增加主星優勢的星曜，所以財帛宮內有武曲星加上祿存，表示這個人除了原本武曲的努力勤奮、重視金錢價值以外，也會懂得用錢投資，不會一板一眼，並且會希望有更多的賺錢機會（祿有多出來的意思），這樣的個性跟特質會讓他更加容易賺到錢，因為這本來就是他與生俱來的價值觀跟能力。

如果是武曲化祿，則有一點點不同。武曲化祿說的是，因為武曲的特質產生了祿。也就是說，因為武曲的能力讓這個人的財帛宮產生了祿，因此他之所以賺錢是因為重視金錢、務實努力的個性，讓財帛宮有比別人更多出來的理財能力，因為光有武曲不見得有賺錢的能力，武曲只是重視金錢價值而已。喜歡自己有現金、重視金錢，跟能夠擁有金錢的能力，是不一樣的事。總結的說，武曲化祿是重視加努力且有能力；武曲加祿存，是重視努力，但是有祿存來幫忙增加武曲的能力。因此，討論到錢財，其實需要加上這兩個祿，才能在宮位中產生實質意義，否則只是空有特質，就像家裡空放一輛法拉利，但是不開，就無法利用法拉利增加生活樂趣，或增加任何效應，這樣那輛法拉利也等於沒用。這就是為何好的格局，尤其是討論財富之類的，會需要有化祿或祿存的原因。因為它們可以給我們增加出來的能力，無論增加的是夫妻宮的魅力，或是財帛宮的賺錢能力，抑或是官祿宮的工作能力。

但是，往往人生最怕的就是這個「但是」，並非那麼剛好都會出現「祿」，無論是祿存或化祿，很多時候都是跟自己擦肩而過。這時我們該怎麼辦呢？既然天生沒有，那我們當然就是後天想辦法擁有。要能夠自己創造，就要知道原理，依照前面的原理可以知道，化祿是因為星曜特質產生出來的，而祿存是老天給你幫助的，因此，要增加自己的祿，如果是從化祿著手，就要看看缺祿的格局裡，是怎樣的星曜可以產生化祿，畢竟不是每顆星都能夠化祿。

圖六十四／ 四化表

天干	祿	權	科	忌
甲	廉貞化祿（廉）	破軍化權（破）	武曲化科（武）	太陽化忌（陽）
乙	天機化祿（機）	天梁化權（梁）	紫微化科（紫）	太陰化忌（陰）
丙	天同化祿（同）	天機化權（機）	文昌化科（昌）	廉貞化忌（廉）
丁	太陰化祿（陰）	天同化權（同）	天機化科（機）	巨門化忌（巨）
戊	貪狼化祿（貪）	太陰化權（陰）	右弼化科（右）	天機化忌（機）
己	武曲化祿（武）	貪狼化權（貪）	天梁化科（梁）	文曲化忌（曲）
庚	太陽化祿（陽）	武曲化權（武）	天同化科（同）	天相化忌（相）
辛	巨門化祿（巨）	太陽化權（日）	文曲化科（曲）	文昌化忌（昌）
壬	天梁化祿（梁）	紫微化權（紫）	左輔化科（左）	武曲化忌（武）
癸	破軍化祿（破）	巨門化權（巨）	太陰化科（陰）	貪狼化忌（貪）

既然化祿是因為星曜而產生，而我們生年的天干沒有化祿，也就是說天生沒有，仍然可以依靠後天的努力取得，例如前面說到的武曲化祿，是因為武曲的勤奮努力而來，武曲是財星，所以也表示自己要能夠願意花錢，要努力賺、努力花，才有這樣的好處。這個「花」，當然就要對應宮位，例如財帛宮要賺的是金錢價值，但是不能成為守財奴，得願意嘗試著學習投資；在代表事業學業的官祿宮，則武曲化祿說的是願意花錢學習，為了工作事業投注金錢跟心力，為自己帶來工作的能力跟機會；在命宮當然就是投資自我，無論是人際關係或學習上，這樣的態度可以為自己創造出原本沒有的化祿特質，進而在命盤上幫助自己。

吉化自動產生器2：化權給我們控制與穩定的能力

掌握自己才能掌握人生

權是掌握以及掌控的概念。一個人有了掌握的能力，才算是擁有權力，所以化權的重點在於掌握，延伸出來有「加重」的概念。

夫妻宮化權，會希望在感情裡得到重視，並且可以掌握感情狀態。這麼希望受重視，也希望可以擁有情感主導權的人，會希望感情依照自己的意思進行，這樣的人當然在乎感情，所以化權也有重視的意思。這是化權基本的邏輯。

因此，許多書中的好格局，當大官的，有富貴人生的，可以兵馬縱橫天下的，這些人怎麼可能沒有掌握一切的能力呢？如同化祿，各種格局的主要結構是因為星曜的組合，這只能當成基本結構，但是真正產生出來的現象，則必須依靠四化，否則就像一輛法拉利只停在地下室，只能欣賞，無法真正發揮能力。若這些化祿或化權在本命盤就出現，表示天生就能將星曜的力量發揮出來，如果天生沒有，則需要後天的運勢給予。有領導能力，也需要有環境給予領導的機會。但是如果連後天運勢也沒有呢？只好為自己創造這些能力，自己產生化權。這當然需要對星曜有深入的了解，並且利用星曜的特質，幫自己產生機會或能力。例如破軍星，常被人詬病做事不顧一切，因為破軍星的本質是化氣為耗，所以破軍化祿如果在財帛宮，反而有亂花錢的意思。破軍化祿則是破軍因為破耗的能力而產生化祿，在本命盤財帛宮可能會變成花錢不手軟，而造成誤以為自己的經濟生活不錯，或是在運限盤，可能因為變賣了東西（破耗），拿到金錢（財帛宮化祿），只不過你賣的價錢不一定很好，所以不見得是件好事。

同樣地，化權也是依照星曜而產生掌控能力，因為掌控能力而產生掌控的現象，也因為希望掌控的態度而重視宮位。這時如果破軍化權，會比化祿好很多。破軍化權是因為破耗後產生的穩定跟掌控能力，破軍的化氣為耗是一種為了夢想可以不顧一切的概念，但化權是一種掌控，所以不可能讓自己不顧一切地一無所有，否則如何能掌控，因此破軍反而喜歡化權。依照著對星曜的了解，我們可以知道如何在命盤的格局上，讓自己創造出好的狀態。

Chapter

6.

特別企劃
改運三步驟

甲天干
廉貞化祿，破軍化權
自我要求並且控制夢想與計畫

廉貞星化氣為囚，這個「囚」字常被認為不好的字眼，會聯想到囚犯牢籠。其實這個「囚」字，就是一個人在一個框框裡，是自我約束的意思。對應一般對於廉貞星特質的解釋：次桃花星，聰明機巧、反應快、有人緣，一般人通常無法理解化氣為囚為何有這樣的特質。其實會有這些特質，是因為廉貞星受到同宮跟對宮星曜的影響。

想想一個人對自己有所要求，又遇到桃花星的幫助，例如貪狼跟破軍，無論是跟廉貞同宮或對宮，這樣的人當然會產生許多魅力。我們用廉貞跟七殺同宮來看，就可以知道其中的差異。一般對於廉貞星風趣幽默、魅力四射、桃花不斷等等的解釋，在廉貞七殺這個組合就看不到，除非遇到其他桃花星。所以，化氣為囚的約束自己，才是廉貞星的主要特質。在這樣的特質下，對應同宮跟對宮星曜，才能真正解釋廉貞星，一般平面單一的解釋很容易被誤導。自我約束如果過頭（化忌或是遇到煞星），就會有反向的效果出現，如此的變化讓人在學習廉貞星時很難掌控，加上許多書上對於廉貞星的片面解釋，一直誤導大家的方向，讓人容易誤會這個「囚」字的意思。

了解了廉貞星化氣為囚的真正原因，就可以知道為何廉貞星化祿會稱為「廉貞清白格」：因為自我的約束能力產生了化祿，因為對自己的要求產生了好處，在出生年天干為甲的時候，命盤上的廉貞星就會產生化祿，表示廉貞星在約束自己的時候，會自動往好的方向發展。例如夫妻宮放廉貞星，如果不討論是否有煞、忌出現，則廉貞星受旁邊主星或是對宮主星影響，化氣為囚的約束會變成受旁邊主星特質的要求，做出自我的控制，例如廉貞破軍，破軍的不顧一切跟夢想這個特質，會讓廉貞星的自我要求跟控制受到影響，放在夫妻宮，就會變成在感情上崇尚浪漫跟夢想，這樣的崇尚浪漫跟夢想，就成了廉貞星「囚」的重點：自我要求在感情上一定要夠浪漫、追求夢想。如果再加上一些煞、忌，更會不顧一切成為許多書上所說，通常為感情混亂的這類人。

這時如果廉貞化祿，自我的要求將走向比較正向的方向，雖然追求浪漫跟夢想、雖然一樣有許多魅力跟桃花，卻不會違反社會價值，至少不會那麼不顧一切，這就是「廉貞清白格」的基本概念。再加上如果天干為甲，廉貞會化祿，破軍會化權，代表夢想是受到重視並且希望可以被自己掌控的，廉貞破軍在夫妻宮，不會不顧一切地去追求感情，當然還是會追求，但是卻更加務實，並重視自己是否可以掌握一切。破軍可以說是命盤上自己人生的夢想所在，追求夢想可能會不顧一切，所以破軍形象不好，是一種破壞的星曜，當廉貞化祿的時候會自我要求與約束，這時破軍化權，也會控制自己的夢想，務實地去追求了。

生年有這樣的特質當然很不錯，放在官祿宮跟命宮，表示會對自己的人生有很好的計畫跟安排，若在大限出現，當然也滿好的，但是如果都沒有呢？那就需要靠對星曜的了解，自己創造出來。

以廉貞星的著名格局「廉貞清白格」來說，重點在於自己要求的部分必須理性客觀，不要受到旁邊星曜的影響，甚至是對於內心情感要能理性客觀地分析。想想「廉貞清白格」的概念，就是因為廉貞對自我的要求，不受到同宮主星或對宮的影響，理性而客觀，這樣在自我要求上的堅持，可以讓廉貞的特質穩定發揮，進而自動產生「廉貞清白格」。廉貞星怕煞、忌，只有「廉貞清白格」的廉貞星可以相對不怕煞、忌，這就是因為「廉貞清白格」的廉貞星會有穩定的星性，可以不受外界煞星影響。我們沒有祿存或化祿，但我們還是有廉貞星的理性思考能力，這時候就需要讓自己理性思考，不要受到情緒（煞、忌）影響。

同樣地，甲天干也會是不錯的破軍化權。破軍在化權的時候，是破軍最好的狀況，原因就是破軍讓人擔心的不顧一切，在這個時候會為了能掌控事情，讓夢想落實，穩定理性地做出安排。命盤上如果破軍沒有化權，卻希望可以出現化權，讓命盤上的格局變成比較好，無論破軍是在官祿宮，還是財帛宮，或者是命宮，在破軍星所在的宮位，都必須讓自己在異想天開不顧一切的個性中，多一點理性的分析跟務實的考慮，以計畫去追求希望跟夢想，不能像原本的破軍，有一成把握就衝了，應該至少有一半的把握再去做，並且一切的事物要能夠控制在自己手上，就可以讓破軍產生化權的樣子。

乙天干
天機化祿，天梁化權
理性思考的變化能力，搭配足夠的學問

天機星的重點是化氣為善，善良且善變，善變的原因在於天機星善於思考，重視邏輯的特質（當然這是在天機星沒有化忌的時候），善良的特質也來自於善思考，以及星曜組合無論是同宮或對宮，不論是跟庇蔭星天梁，或者太陰，都是跟本性敦厚溫良的巨門（出自《紫微斗數全書》．〈形性賦〉）在一起，所以具備了善良的特質。

天機如果化祿，表示可以利用善於思考與善良的特質，為所在宮位產生好處，無論是官祿宮工作上的人緣或機會，財帛宮投資理財的能力增加，或者是命宮、遷移宮，讓自己思慮聰穎、人際關係變好，都是天干遇到乙的時候，天機星會產生化祿而給予的特質。這個時候，

天梁星一定化權，天梁星化權有個小缺點，會倚老賣老，甚至有點碎念，其實這一點在其他兩個庇蔭星太陽、太陰上也多多少少會有。但是即使有這個小缺點，當天梁星在命宮、官祿宮、財帛宮的時候，有化權還是具備了讓自己因為學術豐富以及熱心助人，產生在群眾工作上擁有影響人的能力。因此，雖然古書上似乎都將天機、天梁視為輔佐人的星曜，感覺這類人無法獨當一面，但這是因為時代背景而產生的誤會。在這個年代，善於思考、博學的人，其實有相當多的機會，甚至可以說是進可攻退可守的命格組合，善於思考而博學且熱心助人，只要不強勢過頭，總是好事，這樣的個性能力在現代，一般會有不錯的發展。

而古書上提到所謂「天機天梁善談兵」，好像只是個能說不能做的人，甚至被評為非常差，因為流於光說不練，對於這樣的男人，總是充斥著某種不能說出來的看不起心態。其實，古書上之所以有這樣的說法，主要是因為天機天梁的特質是過度聰明，才會造成想得多做得少，因為必須先考慮清楚才會行動。換個角度說，只要想好了、做好了決定，通常可以成就不錯的事業。因此，天機星可以化祿，天梁星可以化權，便能讓天機、天梁各自擁有不錯的發揮。

如果，本身的天機星沒有化祿，天梁星沒有化權，該怎麼辦呢？

一方面當然可以依靠運限遇到乙天干，無論是大限盤或小限、流年，甚至流月、流日的天干來彌補，也可以藉由自己的努力來創造。天機星的本質是化氣為善，善於思考，且因為跟不同星曜組合有善良特質，如果做得好，就會有化祿出現，因此，凡事多想一想，想的時候要搭配多方面的學習與思考，多理性地了解更多相關學問。這部分可以對應自己的天機星與其他星曜的組合，如果是跟太陰（同宮或者對宮），則凡事多點細膩，多替別人著想。與天梁一起則需要在學問上多努力，才能夠有幫助人的能力。天梁星的幫助相對於太陰星，是真正有學識能力的幫助，不只是噓寒問暖。天梁星是宗教星，所以多接觸宗教（甚至是求神拜拜，無論是哪一種神，只要是正信的宗教），也會是一種方式。與巨門在一起的，除了接近宗教，增加知識學問，多與人溝通更是重要的方法。用這些方式鼓勵自己多做、多接觸人，自然可以展現出化祿的力量。當然這些方式不適合本來就天機化忌的人，因為可能會聰明反被聰明誤。天機化忌的人，可以在其他地方找化祿跟化權，別忘了天機星還會跟其他星曜組合。

天梁星的化權其實很簡單，天梁的重點是助人，且是以自己的經驗與學問來助人，化權對天梁來說，其實有某些負面印象，所以天梁的化權反而應該注意要降低一點重視的個性，如果本身天梁不化權而希望化權，就要增加能力且多助人，但是要切記不能做過頭。

丙天干
天同化祿，天機化權
天真自在不計較，理性思考下決定

天同星化氣為福，星曜的本質是福氣，讓人看了就開心，但其實這個福氣來自於天同星本身純真善良、凡事不計較的特質。

（化權的重視權力跟化科的愛面子，則會少了不計較的特質，因此失去福氣感。絕大多數的書籍會說天同不是化科而是化忌，其實可以用一件事情檢查，面對天同化忌的人，只要說好聽話捧著他，他就會變得很好相處、好可愛，這是天同化科，他要的是面子。福星化忌不是很奇怪嗎？）

所謂有捨才有得，心寬就是福，說的就是天同星（因此才會容易心寬體胖）。所以天同產生了化祿，就是把這樣的心態跟想法發揮到極致，與人為善、凡事不計較。天同也是博學的星曜，因此多學習、多增加各類知識，也會增加天同星的能力。

這個天干的四化中，天機會化權，相對於天機化祿，所具備在命格中的正向影響力較少，因為天機星本來就有容易因聰明讓人覺得有距離感，化祿是用這樣的特質能力，來增加人緣（在六親宮位）或事業與理財能力（官祿宮、財帛宮、命宮），但是化權的特質在代表人際關係的六親宮位，相對來說差一點。人際關係上，緣分增加，總是比喜歡管事、重視人際間的權力來得好，所以化權除了要具備天機化祿的能力跟特質，還必須利用這樣的特質跟能力，創造在工作上的機會跟權力，因此，這樣的特質跟能力只能放在財帛宮跟官祿宮，將原本化祿的特質放在工作跟理財上，深度應用，以此創造機會跟職場的權利。放在命宮雖然也會幫助事業，但會影響人際關係。

紫微斗數的組合很有趣的地方就在這裡，天同化祿不計較得到好處的同時，卻也希望可以利用理性的思維跟聰明謀取權力。天同當命宮的時候，天機星大致上都在官祿宮，表示天機星當命宮的時候，天同星是財帛宮，由此可知，當我們天同化祿，因為善良天真而一切都不計較，得到了人緣跟福氣，這時在工作上卻反而可以因為理性與能力得到更多機會，甚至升官掌權。想想看，一個人如果因為夠聰明，而理性地依照自己的意思做事，且隨時希望轉換新工作，是不是剛好印證天機星的孤星概念，誰要跟這樣的人做朋友呢？所以天同化祿就很重要。同樣地，如果這個人命宮天機化權，整個人因為聰明而強勢，因為能力而目中無人，當然也符合孤星狀態，這時候如果花錢大方而不計較、不在乎（天同星化祿在財帛宮），並且重視享樂跟充實心靈，是不是會讓人生好很多呢？

天同化祿其實是很棒的化祿，但是說起來簡單做起來難，我們都會希望一切不在乎，凡事開心就好，但是往往很難做到。因為當我們這樣想的時候，旁邊的天機星就會浮現化權的情況，讓我們在東想西想之後很難放下，所以如果命盤上沒有這個組合，要自己創造出天同化祿並不難，難的是我們的教育讓我們很難去接受一切不爭奪、不計較。若依照心寬會體胖，體胖人懶心就會寬的逆向工程原理，吃胖還真是一種方式，但是這麼做一方面代價不小，一方面還真有人吃不胖，因此多玩樂多學習，上各類課程或是參加各類活動，會比較容易做到。

再來就是要注意天機星，不要想太多，並且希望可以用理性來控制，認為自己可以決定一切，反而可以自然而然地取得許多機會。

丁天干
太陰化祿，天同化權
母性的關心與照顧，讓你任性也無所謂

由前面幾個天干看來，包含丁的天干，可以發現為何在古書中幾乎沒有所謂的大格局（會當大官、發大財那類），是由天機、天梁、天同、太陰這類所謂「機月同梁」所產生。也可以發現當其中有化祿的時候，就會又出現不是太完善的化權，造成些許小缺陷，而且這類星曜的特質本來就不是那種可以唯我獨尊、不顧一切的，不是善良就是溫厚，不是天真就是多心，這種星曜特質配上化祿還可以，雖然多出來的也許不是財富而是感情，但是化權往往就有一點負面的印象。

天同化權也是如此，天同的重點是不計較，善良而隨和，但化權讓他在乎了。一旦在乎，你就輸了。天同一旦在乎，就失去了不在乎、

不計較的福星特質。雖然是福星，但畢竟是桃花星的化權，所以利用的是天同星原本的桃花以及博學等特質，給予出來的權力，總不會太差，但是相對於破軍、貪狼、武曲、太陽、紫微這些原本就比較針對事業的星曜，對於工作與事業的幫助就會少一點。所以天同化權不適合在六親宮位。放在命宮、官祿宮、財帛宮這些宮位，則需要看從事的是什麼工作，如果是符合天同星特質的工作，如教育、小小的個人開業，或是跟旅遊、餐飲、文教相關行業，其實還可以，因為符合天同自我歡樂享受的特質。但如果是在大公司，則不適合了，天同星一般被認為適合在大企業，是因為不計較與好人緣，但任性的天同最好是自己開業，這也是許多近代書籍形容天同星時，有的說適合大企業，有的卻說適合創業的真正原因。

到底是適合大企業還是創業，其實要看是化祿還是化權。如果命盤上沒有化祿或化權，則要看看自己的人生目標是希望快樂過日子，還是有個小小的夢想，然後就可以依照天同星的特質去轉化成化祿或化權。化祿要發揮不計較的個性、放下慾望；化權則是多利用桃花的特質跟學問，去創造屬於自己的世界，在工作職場上要能夠多利用桃花、人緣跟學問，建立地盤，適度爭取跟競爭。

這時候的太陰星很重要，太陰星是母星，女性的星曜化氣為富，許多人會誤解太陰星等於富有，其實如同紫微星化氣為尊，並非一出生就很尊貴，而是一種尊貴的感覺，所以紫微星所在宮位等於是自己的自尊心所在。太陰星的化氣為富，也不能直接等於富裕，而是指心靈上的富足與豐富，就像媽媽看到家庭被照顧守護好，無論這個家是否碧麗堂皇，也會覺得心靈是很富足的。所以太陰的化氣為富，指的就是這樣的富足感，當然對應出來的情況，人不會真的只要心靈就好，在適當情況也會反映在生活上最好可以吃好穿好，透過生活中的享受，感受人生是豐富的，透過享樂，感覺自己受到照顧以及能夠照顧家人，透過逐步累積的財富，覺得自己能夠守護家庭，感覺富足，這才是太陰星化氣為富的真正本質。所以，當太陰星化祿在六親宮位，通常是對於那個宮位所代表的人際關係，給予照顧、給予關心幫助，甚至給予生活享受的幫助跟分享，以此增加彼此的感情跟緣分。太陰星化祿在屬於人生成就的命、財、官這些宮位，則是因為這些願意照顧人，細心跟懂得多為別人想，還有因此產生出來的桃花特質，給予自己工作上的好人緣與機會，還有好的財運。

因為好人緣跟博學，想要好好利用，任性一下，可以掌握人生、讓自己享受的天同化權，是不是很應該配合太陰化祿呢？加上了太陰化祿，這個天同化權就可以更加任性，但是如果命盤上沒有天同化權跟太陰化祿，該怎麼辦呢？

如同前面所說，為何古書上這類星曜很少出現成大功立大業的格局組合，是因為星曜的特質並不具備這樣的條件，但是就現代來說，這不見得是不好的事。因為在古代價值觀，尤其是明清兩代，寫書的人通常是二品到四品的大官，就是有點大又不會太大那種，因此他的人生價值就是當官，往下看不起小官，往上看一品封疆大吏，自己又做不到，這時書上往往有許多言辭是自傲中帶著不平，安慰中帶著貶抑的，他們認為自己的工作是人中龍鳳，因為透過考試一路平步青雲（逢祿、權、科，三方四正無煞、忌），卻又不敢面對自己缺乏煞、忌，所以永遠無法成為封疆大吏（不敢賭一把）。尤其對於天機、太陰、天同這類星曜，又覺得他們應該乖乖當個下屬就好，如果天同化權，會覺得他不夠聽話。但是在現代，開兩家咖啡廳，經營才藝教室，在工作上利用才識能力擁有小小地位，並且不用完全投入工作，還可以多出時間享受，掌握自己的人生（化權），這是明清兩代那種強調奴才個性才是正道、順從主上才是人生、工作到死才有用的男人，這在那樣封建社會是難以想像的（所謂君要臣死，臣要快樂去死），所以就近代觀念來說，是許多個人爭取小確幸人生的好機會。

但是如果我們的太陰沒有化祿，天同沒有化權呢？

天同化權很簡單，先想想天同怎樣會化祿，然後在能化祿的事情上加點任性，更依照自己的意思去做，這樣就可以了。至於太陰化祿，只要想想太陰星的重點，太陰的問題是容易鑽牛角尖、想太多，或者對人太好，容易有爛桃花，這些先放下不管，畢竟事情沒有完美，好心的人當然會得到許多人關心，難免爛桃花。當太陰星在六親宮位時，對人多發揮太陰體貼細心溫暖的照顧，如果是在財帛宮跟官祿宮，則在工作上發揮太陰照顧人的特質，尤其是與異性的互動關係，就可以為自己增加許多工作職場上的機會跟人緣，在財帛宮則要懂得利用錢財來犒賞自己，多利用人際關係取得賺錢機會，就能創造太陰化祿。

在命宮呢？當然是上述的通通可以做啊！太陰星在命宮的人，會有許多的人緣跟享福的機會，只要懂得讓自己創造出化祿。

戊天干
貪狼化祿，太陰化權
展現慾望帶來更多機會，強勢母性格鞏固權力

貪狼是慾望之星，化氣為桃花，但是這一句讓人以為貪狼只代表桃花，這是誤解了古代對桃花的看法。其實桃花代表的只是事情的發生，或者說是好事情的發生，但這個好事是對自己來說的好事。我們曾說過命盤是自己的，所以都是對應自己，社會價值觀上的好，不見得對自己好，別人覺得自己該瘦一點，但是胖得很快樂，又何必在乎別人。貪狼代表的桃花、發生，是自己覺得該發生、想發生的事，是自己的慾望所在，因此貪狼化氣為桃花，說的是自己的慾望。

自己的慾望可以有很多種，吃、喝、玩、樂、錢財、女色、男色，或者各種顏色，都可以算是慾望，這也就是為何貪狼才是斗數十四顆主

星中最聰明的一顆星曜，因為他們什麼都想要，在慾望推動能力下，很容易就什麼都會去學、去努力，包含對生命的追求，因此他才會是宗教星，對宗教與身心靈的探索有所期盼。

但是擁有前述這些貪狼特質，不見得可以讓貪狼化祿，因這個特質讓宮位產生變化，無論是對應六親宮位增加緣分，或是對應官祿宮、財帛宮，增加工作上的人緣或機會，增加賺錢的機會或能力。因為單一星曜在宮位內，只能說是具備了這樣的特質，並非直接具備能量，這個觀念常被忽略。我們常聽到有人說，我男友的夫妻宮有貪狼，是不是很花心？花心是一種現象，如果本命盤夫妻宮有貪狼，只能說他在感情上有許多的想法跟慾望，不能直接說他就是花心。如果是運限盤出現的夫妻宮在貪狼，也只是他有這個機會跟慾望，有機會、有慾望不等於事情就會發生，真正發生其實需要有四化。這也是近代討論四化的文章占滿各大網路版面，以及飛化的用法那麼受到矚目的原因。單純星曜出現只能說有機會，不能直接論斷為現象發生，那為何許多人這樣論斷也會準呢？那是因為雖然本來命盤沒有，但是會有流年、流月，甚至流日的化祿進去，或者受到三方四正的影響，三方四正有四化影響了貪狼星。才會產生學理上只能說具備條件，但是實際上卻產生了現象出現的情況。

如果實際上就是沒有貪狼化祿，那該怎麼辦呢？

想想貪狼的根本特質，因為慾望而希望得到許多東西，所以多學習、多接觸人群，自然會產生貪狼的特質，發揮貪狼的能量。只是化祿在六親宮位是增加緣分，對人好、與人為善、為了交朋友而願意學習更多知識，這是在對應六親宮位最簡單的方式。不過在格局的鋪排上，我們通常重視的是能不能做大官、發大財（瞧古人的願望多簡單），所以對應在命、財、官這類宮位，貪狼要產生化祿，除了多學習、多與人接觸、與人為善之外，還要注意一件事，我們可以發現，在貪狼的組合中，貪狼對面會有紫微跟廉貞或武曲，或跟這些星曜同宮。

圖六十五／ 貪狼星的組合

巳	貪狼 午	未	廉貞 申
貪狼 辰			酉
紫微貪狼 卯			武曲 戌
貪狼 寅	武曲貪狼 丑	紫微 子	廉貞貪狼 亥

廉貞貪狼 巳	紫微 午	武曲貪狼 未	貪狼 申
武曲 辰			紫微貪狼 酉
卯			貪狼 戌
廉貞 寅	丑	貪狼 子	亥

古書中只有跟武曲同宮與對拱的這一組備受好評，那是因為武曲星的務實性格會控制貪狼的奔放慾望，不會衝過頭，所以貪狼化祿的情況中，其實相對沒有缺點的，只有跟武曲在一起的這個組合。這表示除了要發揮貪狼的能量多學習、多與人接觸，以及隨時發揮慾望去展現自己之外，同時最好可以務實地衡量一下自己是否做得恰當，是不是有足夠的能力這樣做，將慾望發揮到剛好才是化祿，否則過頭就會變成化忌了。該怎麼知道自己是否過頭？就該學習武曲的精神，任何事情多思考一下金錢價值，讓貪狼不至於慾望過頭。

至於太陰化權，其實風評不算太好。想想看，誰會希望家裡有個碎念的媽媽或老婆？化權的重點是掌控跟掌握，太陰星原本的體貼溫柔細膩，因此得到的人緣以及這些特質之下對於家庭的守護，在化權時會變成一定要照著他的意思（掌握跟掌控）。太陰化權在六親宮位其實有著一點風險，因為人與人之間彼此關心很好，但是過度的關心甚至希望對方照著自己的意思就不太適合了。所以太陰化權對自己比較有利的地方，其實只適合用在財帛宮跟官祿宮。在工作上發揮自己對人用心照顧的能量，並且利用這個能力優勢來拿到所需要的權力，或是因此讓別人對你委以重任。在財帛宮則是因此得到好的理財機會跟賺錢能力、還有多的收入來源。

但是如果太陰不化權呢？四化的原理是因為環境讓星曜原本的能量產生變化，也就是說，這是讓星曜利用自身能力，在遇到環境變動時，發揮出各類型屬於自己的能力。但是，當環境沒有給予這樣的條件時，我們該做的就是自己去發動力量。在官祿宮應該利用人緣與平常對人的關心、細心，爭取應有的機會。在財帛宮也是如此的概念。太陰有桃花的意思，所以多利用與異性的關係，獲得更多機會，但是要注意不要讓化權變成強勢的奪取，或是如流水不止的爭奪以及要求，避免加重化權負面的能量，尤其在太陰星遇到煞星時更該注意，否則反而會帶來負面的影響。

例如太陰天同在子位為命宮時，是「月生蒼海格」，是清廉當官的格局，在現代來說，就是可以利用人緣跟知識，以及對人的關心，甚至是不爭奪的個性特質，在大公司中慢慢地受到重視。如果太陰化權，則因為相對重視權力，所以能爭取到更多資源，甚至可能會創業，並且得到不少支持。但是加上了鈴星、火星，成為十惡格，想法與一般人不同，就破壞了原本好個性可以給予的權力，加上擎羊也會少了原本貼心、與人為善的特質，陀羅更會出現讓人覺得你愛幫不幫，到底想怎樣的糾纏，這時候化權了其實反而不是一個好的情況。

己天干

武曲化祿，貪狼化權

用力努力賺大錢，慾望得以掌握在手心

武曲是正財星，認真努力賺大錢的標準版本，重視金錢價值觀，並且很努力地做到，這是武曲的主要特性，所以才會化氣為財。武曲星化祿表示自己會因為努力而賺到錢，當然這必須要在命、財、官這些宮位才算數，如果本命沒有，運限總是會走到。問題是如果武曲沒有化祿呢？有時候人生就是這麼無奈，好像樂透差一號，好不容易走到武曲星的宮位但沒有化祿，能給的也有限，這時候就該靠自己創造。

基本的武曲化祿當然就是用心努力跟打拚，但這是不管武曲祿不祿都如此，只要有四化的武曲，除了化科可能是花錢以外，其餘都會有類似特質，該怎樣讓武曲變成化祿呢？需要看看武曲跟其他星曜的組合。

圖六十六／ 武曲星的組合

天相 巳	七殺 午	未	破軍 申
貪狼 辰			天府 酉
武曲七殺 卯			武曲 戌
武曲天相 寅	武曲貪狼 丑	武曲天府 子	武曲破軍 亥

武曲破軍 巳	武曲天府 午	武曲貪狼 未	武曲天相 申
武曲 辰			武曲七殺 酉
天府 卯			貪狼 戌
破軍 寅	丑	七殺 子	天相 亥

武曲天相——要努力要讓這個組合的武曲產生化祿，要注意跟人際之間的關係，除了努力之外，還要注意周邊的人際是否和諧，以及人脈網絡是否可以幫助自己。對宮一定是破軍，在努力創造財富的同時，有些夢想不能只是一成不變的。

武曲天府——有天府這個財庫星在旁邊的武曲星，對宮是七殺，只能努力努力再努力。但是光靠努力還無法造成武曲化祿，要借用旁邊天府的力量，天府具備籌畫跟利用人際關係的能力，因此，多花點心思籌畫目標，努力也要有計畫，不能做白工，利用身邊的人脈給予支持，自己的奮鬥就會開始化祿。

武曲七殺——這個組合如果不化祿，往往只是白努力一場，因為對宮一定是天府星，同樣地在奮鬥之餘，要做好理財計畫跟目標，否則只有毅力跟勇氣，得到的效果是會讓人失望的。

武曲破軍——相對於「武曲天相」需要注重人際關係，這個組合中破軍給予的夢想，往往讓武曲不知道節制，忘記要勤奮跟努力。所以在這個組合裡，武曲對於原本就該有的特質，該更加堅持，更加一步一腳印，用務實態度來完成自己的夢想。

武曲貪狼——這個組合中，因為貪狼的幫助，武曲解決了埋頭奮鬥的孤單與一意孤行的問題，貪狼的慾望跟學習給了武曲很大的空間跟可能性，而且當武曲化祿的時候，貪狼是化權的，所以利用貪狼的慾望在這時會加強，不只是漫無目的什麼都要的慾望爆發，而是很清楚目標所在，這樣一個穩定的貪狼影響了武曲，讓武曲的特質可以清楚展現出來，武曲自然而然就化祿了。所以讓自己的目標清楚，並且為了完成目標重視學習，自然會讓努力達到回報。

武曲單星貪狼在對宮——在對面的貪狼告訴我們多與人接觸，並且做好人際關係，自己投入的武曲努力就會被看見。武曲化祿，貪狼就化權，對外展現自己的企圖心，武曲的努力就會達成化祿的現象。

所以，有時候並非只靠主星的努力就可以創造吉化，雙星跟對星其實都會給予創造機會的協助。

在己天干的時候，貪狼會化權，慾望能夠有很清楚的目標展現。除了在夫妻宮會因為對感情的慾望要有多方面掌控，可能不小心造成感情太多以外，在命、財、官的宮位都相當不錯，因為貪狼的最大問題就是慾望太多，不知道該重視哪一個，容易造成多頭馬車，所以貪狼化權反而是好現象，讓慾望穩定下來，有了清楚的目標。因此，要讓原本沒有化權的貪狼化權，其實很簡單，只要擬定目標，把做不到、不該追求浪費時間的事情，列出來後一一剔除，專注於一兩個目標，並且發揮學習與人際關係的力量，就可以展現貪狼化權的能力，無論在命、財、官，都可以讓這幾個宮位有不錯的發展。

庚天干
太陽化祿，武曲化權
因為名望而得到能量，用心務實地展現權力

天干遇到庚的時候，太陽會化祿，太陽的本質是化氣為貴，「貴」的意思原則上是一種社會地位，或是名望，讓人覺得他是比較有說話分量的人。

因為太陽星在設計的原始發想來源代表男人、父親、一家之主，也因為太陽在天上代表一切自然界規則的制定者，農業民族的生活作息、生存條件與生命的繁衍，都需要依照太陽的運作、了解太陽的運行，因此太陽星等於制定了一切法則。這也是為何在傳統封建社會下，太陽代表父親跟男人的原因，因為封建社會法則利用了這樣的己向轉換跟投射，讓家庭中的父權得以維持，男人得以得到需要的位階。

因此，太陽星在紫微斗數的設計中，化氣

為貴說的就是名望且高貴的身分，並且依靠這樣的特質在宮位內發揮能力。例如太陽星雖然看起來不錯，但是在財帛宮其實沒什麼用處，還不如天府，武曲、太陰、巨門、貪狼這類星曜。太陽在財帛宮表示用錢的觀念跟態度如太陽一般，太陽是有身分地位還要照顧人的，這樣的用錢態度聽起來是否就是錢花得比較多呢？這是許多人容易對太陽星的誤解。

太陽星如果化祿，很簡單地就是因為名望而產生的祿，這個名望來自於能夠在對應宮位內發揮太陽的特質，也就是用照顧人、制定規則的方式守護著這個宮位。例如在僕役宮，是個照顧朋友的人，並且通常會是朋友群中擁有發言權、具有領導能力的意見領袖，所以如果太陽化祿在僕役宮，通常會表示這個人因為照顧朋友，並且在朋友群裡有足夠的能力跟身分，讓他可以有不錯的交友關係。在六親宮位大致都是這樣的概念，但太陽既然是官祿主，當然最好的位置是放在官祿宮或命宮、財帛宮。既然放在財帛宮，就要能夠有祿，才算有錢，或者說是賺錢的能力。這個祿來自於太陽的名望，與照顧人的能力跟身分地位，否則就不能代表會有賺錢的能量，這也是為何會有太陽在財帛宮是因名而貴、因貴而富的說法。在這些條件之下，太陽才能產生出化祿給財帛宮，讓財帛宮有賺錢的能量。對應在命宮跟官祿宮，也都是如此。

太陽既然是普照大地的星曜，大地上的事情都是他要照顧的，因為要讓太陽產生化祿，就必須比照太陽照顧人的特質。想想偉大的父親是什麼樣子，如果真的可以把事情一肩扛起來，那麼讓他當大男人，當一家之主又有什麼關係呢？所以相對來說，我們若要當太陽，就要具備這樣的條件，要如此自我要求，能夠站在最前面照顧人，並且承擔責任。要做到這些事，除了自我心性的要求，還有個很重要的訣竅，就是必須關心社會。太陽是少數會清晰地對社會議題關注的星曜，一個人對社會議題有所關注，理性分析跟思考整個社會的脈絡，才能真正有能力照顧注視的人，不是嗎？例如在工作上，要能夠因為自己有足夠的能力去領導大家跟照顧人，當然需要了解社會脈動，否則如何能夠為眾人做出很好的判斷？如果能夠做到這些事，自然可以讓太陽星產生化祿。

星曜的四化會彼此關聯，所以當太陽化祿，武曲就化權了。一個人可以有名望、懂得關心社會，為自己得到許多機會，這時理財觀念就會更加務實，且重視錢財的用度，要幫助人、照顧人，怎麼能夠沒有錢，怎麼能夠無法掌握自己的金錢？因此，太陽化祿，當然武曲就要化權，當我們同時間創造太陽化祿的時候，也要注意武曲要能化權。

簡單來說，武曲化權就是重視財務能力跟理財狀況，並且除了武曲一步一腳印的賺錢跟努力之外，還要加上對於財務的控管、重視現金的流量。武曲化權在命、財、官上，都需要用這樣的金錢理財態度，才能展現化權的特質。當然，如同前面武曲化祿提到的，要依照各星曜的組合搭配讓武曲化祿，也要依照這樣的觀念去掌控財務情況，因為武曲化權的掌握金錢價值，在本命盤的命、財、官宮位會有對於金錢的重視，尤其是現金。如果是在運限盤，則有很高的機率會創業，因為只有創業才能真正掌控金錢。錢是自己發給自己的，不是依靠別人發出來的薪水，努力要在自己的掌控之內。相對來說，如果武曲沒有化權在命、財、官，可能就只是努力奮鬥，但是這時候如果發現三方四正沒有太多煞、忌，給予自己鼓勵和動力，且希望自己可以照顧更多人（太陽化祿），用這樣的心情做好財務規劃，想辦法開創新事業，自然就會有化權產生了。

辛天干

巨門化祿，太陽化權

能言善道，容易成為眾人景仰的好領導

對於博學且靈魂敦厚溫良的巨門，化祿是輕鬆簡單，只差要與不要的問題。即使不化忌，天生看起來就像化忌的巨門，骨子裡是善良的，之所以讓人討厭，原因在於內心的善良跟純真，所以常常口無遮攔，就像最會說甜言蜜語的人，分手時攻擊起對方來，保證也是最刻薄的。不過，刀子有兩面，只看怎麼自己使用那把刀。巨門只要在願意說話的時候多說點好聽話，開口前多想一想，說話前多點甜言蜜語，基本上就會化祿了。

巨門也有不安全感的概念，而巨門重視命盤上太陽的位置，太陽在旺位，不安全感是隱性的；在落陷位，則巨門星所在的宮位會有明顯的不安全感。但是，排除不安全感的負面含

義，其實也代表這個人會因為不安全感而努力自身的條件，這也是巨門是博學星曜的原因，因為學習可以解除對世界的疑惑。

因此，透過多方面學習，並且在工作上多說好話，坐命宮的人無論是人際關係或工作場合，都盡可能在說話前先想過，用正面能量的話語與人溝通。在財帛宮當然可以說是因為說好聽話容易有賺錢機會，由此可知，巨門要化祿其實簡單許多，只要心念一轉就做得到，並且因此幫助自己增加許多的機會跟能力，增進跟人的關係。只可惜因為巨門的沒有安全感與內心的黑暗，如果不是天生的巨門化祿，要自己改變創造化祿，總是心有不甘，往往不小心巨門黑水就潑出來了，完全如佛教說的一念天堂、一念地獄，難怪巨門的福德宮一定是天梁星，實在是需要好好潛心修行、念念經。

當巨門化祿，太陽會化權，可見得一個有名望、有地位的人，往往都是稱讚別人多，自然有眾人跟隨。因此如果我們可以做到巨門化祿，自然太陽的地位就會出現，也會幫助我們能夠化權，掌握權力跟掌握自己的命盤，當太陽主導一切，除了太陽本身需要具備的能力，以及依靠領導能力跟名望適度掌握所需要的權力之外，搭配巨門化祿的善於溝通，就變得相當重要，否則太陽化權，就會成為孤獨的太陽，給人壓力，無法給人溫暖。

王天干

天梁化祿，紫微化權

神明的庇佑與自我價值的救贖

天梁星是紫微斗數中真正的庇蔭星曜，代表了老人（大家都知道有一種好叫作阿公阿嬤無限制為你付出的好），也代表了宗教與神明。天梁星化氣為蔭，是紫微斗數各星曜中唯一一顆直接代表照護保佑的星曜，所以要讓天梁星化祿，最簡單的方法，除了做到天梁星本身的一些特質，例如幫助人（助人而產生好緣分，助人為自己產生貴人運勢）、博學（要能助人是需要許多學識的），再加上老人這個穩定且不求回報的個性特質（不求回報很重要，否則就會變成天梁化權）。

努力做到上述這些事，自然會在各宮位中為自己帶來許多幫助，因為助人，進而產生別人對自己的幫助。這是一直以來紫微斗數帶給我們的觀念，命盤是自己的，命盤上所有星曜代表的含義其實都代表了自己的行為跟想法。要想有好的感情，除了期待本命盤夫妻宮老天給予好姻緣，更該努力做到夫妻宮所告訴我們自己在情感上的優缺點，將優點放大，減少缺點，改善感情態度，自然就會有好的感情生活。因此，整個紫微斗數的本命盤所討論的，都是我們與生俱來的能力跟價值觀，透過本命盤來解決跟修改天生特質，進而改變人生。

唯獨天梁星所在的地方，是在紫微斗數中最宗教的部分，直接代表老天會給予我們的庇蔭，或者說是我們跟上天、神明最接近的地方（無論你相信的是什麼神明），所以天梁星除了前面說到，利用自身天梁星具備的能力，產生天梁星所在的對應宮位良善的力量之外，其實天梁星也是可以讓我們直接求助上蒼的一顆星曜。

天梁星代表了我們與上天的連結，因此天梁星在命宮、福德宮的人，拜拜的效果特別好，帶了煞星同宮的人，尤其是擎羊跟火星，甚至會有很好的第六感或與上天的感應能力。因此天梁星所在宮位，例如子女宮，想生孩子的求神明上天的幫助，效果特別好，目前身心靈界所謂對上天許願，與上天下訂單、開願望等等，這類利用自身信念希望得到宇宙（無論你用什麼稱呼）或幫助或賜予的作法，其實都是利用天梁星。也就是說，如果命盤上的天梁星在官祿宮，求子的效果是不大的，除非官祿宮暗合了子女宮。

自前面提到所有命盤上的星曜都要靠自己的力量去產生化祿、化權，但是就天梁星來說，可以直接利用神明或上天的能力來幫助自己，這樣是不是很棒呢？天梁在哪個宮位，可以直接真心誠意地求神明幫助，讓自己化祿。但是事情往往沒有那麼簡單，否則天梁在命宮的人豈不是太開心了？雖然天梁在命宮的人確實讓人羨慕，但是祈求上天幫助當然還是有限制的。

首先，如果在財帛宮要求財，要先看是否天生具備很好的財運。先天天梁有化祿的人財運不錯，求財很容易看到效果，但如果天生天梁沒有化祿呢？求財之前必須先造成化祿，怎麼造成呢？前面說到的博學與助人，讓自己擁有足夠的賺錢知識，以及好的人際關係這樣的方法之外，捐錢也是好方法。財帛宮的對面是福德宮，錢往外丟就是丟到福德宮，而福德宮是來財方式與福氣，因此福德宮化祿，財運不會太差，捐錢就是實際上利用錢財增加福分的方式，至於捐給誰、怎麼捐，基本上只要是捐獻的地方，能夠幫你把錢拿去幫助社會跟助人的單位都可以（當然有許多單位看起來做好事，其實只是表面做好事，背地拿錢炒地皮跟炒軍火股票那種是不行的）。

不過，老天給予的幫助，通常只是幫助我們度過難關，所以即使天梁星在財帛宮、福德宮，求神問天求來的不見得會是什麼巨大的財富，通常只是剛好讓我們度過災難。另外一個問題就是，如果天梁星不在相關宮位呢？不在命、財、官、福德這類宮位，而是僕役、夫妻這種六親宮位呢？這表示我們要多跟那個宮位的人往來與親近，增加彼此的緣分，讓宮位有化祿的跡象出現。因為那個宮位的人對我們來說，就像是會庇蔭我們的人或神明，或者雖然本命盤沒有在屬於自己的宮位，但是可以利用運限盤天梁星進入命、財、官、福德的時候，對上天誠心求取幫助，也會有相當好的效果。也就是說，拜拜的時候最好是選擇運限盤，流月或流日天梁星在命宮、福德宮的位置。當然，因為要化祿，適度的捐獻是不可少的。

而在壬天干的時候，除了很不錯的天梁星化祿之外，紫微星是化權的。紫微是命盤上自尊所在，也是官祿主，具備領導才能，希望可以受到尊重跟追隨，但重點是需要三方四正擁有足夠的輔助星曜（左輔、右弼、天魁、天鉞），有了這些條件，紫微會在其所在宮位，展現出相當好的能力。但是如果沒有，就會出現對自我期待很高，卻又得不到效果的問題，這時候化權的紫微反而有某種內心失落的感受，希望掌握卻又無能為力，化權的重視讓無力的紫微更加孤單。因此要讓紫微化權，要先看看自己的紫微星有沒有足夠的條件，如果沒有，其實可以試著想想，是否該如此追求，畢竟人生還有許多功課，放下某些自尊其實反而會讓事情更好。這就是古書的格局常容易誤導人的地方，每個格局需要具備一定的條件，才能成為格局，但是這些條件中，其實還包含了星曜本身需要具備的能力，如果沒有這樣的能力，有時候化權不見得是好事。但是我們常常容易誤解，命理師如果自身沒有讀通，也容易誤導客人或學生，造成用既定價值去檢討自身成就，用馬的能力去討論青蛙的價值，當然容易造成青蛙的蛙生痛苦。

所以，如果紫微星本身不具備足夠的好條件，其實不見得要去追求化權。但是有足夠的條件時，當然可以盡情發揮紫微星的能力，因為具備的領導才能以及人氣，可以讓自己的工作或財運上做出領袖特質，主動掌握跟追求在群體中的地位，以此來幫助自己在事業跟人生上得到掌聲。有沒有發現當皇帝掌權的時候天梁化祿呢？四化都是連動的，這也告訴我們，皇帝想要掌權也需要上天幫助，皇帝掌了權以後，也要記得做善事。

癸天干

破軍化祿，巨門化權

浪漫而不顧一切的人，說起話來特別攬和人心

破軍化祿是常用來討論的案例，許多人覺得化祿就是好的，不只是初學者，甚至許多老師都是這樣認為。但是破軍化氣為耗，破軍化祿就是必須破耗之後才能產生化祿，問題是破耗之後，不見得所產生的化祿會符合自己的需求，不見得能夠讓自己覺得那個破耗有價值。就像賣了車子（破耗），賣價可能不如自己預期，所以雖然化祿了，但是可能覺得還有損失，這是破軍化祿在財帛宮常出現的現象。

這也是單獨看書上寫所謂「三吉嘉會格」化祿、化權、化科在命宮三方四正內，雖然是很好的格局，可以賺大錢、升大官，卻隱藏了陷阱，因為不能是破軍化祿，或星曜化科不適合在財帛宮內。這也再一次說明，為何單獨看

所謂的格局去論斷，會不準確的原因。

破軍的重點是破耗，為了能夠有新的事物、現象或局面，不惜破壞原有的價值，是我們內心對慾望追求的一種純粹情感上的思考與手段，但凡事都有許多層面，這樣的特質在整個社會文化呆滯的明清兩代當然不好，在現代卻不一定，因為有突破以往的價值，才能創造新形態的社會，只是華人社會不太能接受這樣的價值觀，所以少有對於世界文明的重大突破（宋代以後），這或許也說明了破軍星原本也就不存在漢人神化體系的星曜，是來自北方遊牧民族的神話。由此可知，破軍的化祿為何不佳，但是如果有足夠的條件支撐，反而可以創造出前所未有的局面。

我們在上課內容中常提到的案例，就是敢花錢創造局面，只要家裡的錢夠花，就會相當不錯，只怕沒錢還想當大爺，那就會很慘了。夫妻宮有破軍化祿，通常表示對於情感可以不計一切代價，這當然是很浪漫的，但是浪漫多情的背後會不會是花心呢？花心的人如果將每個對象照顧得很好，是否在某個層面來說並不差，甚至是眾人羨慕？無論如何，破軍化祿的重點在於，破軍本身具備有夢想遠大跟不顧一切的特質，但是要化祿就必須具備足夠的條件，否則反而會變成負面的情況。

有趣的是，當破軍化祿的時候，巨門一定化權，而巨門跟破軍一定在相隔逆時針算六格的地方。

圖六十七／巨門在命化權、破軍在疾厄化祿

太陽 巳	破軍 化祿 疾厄宮 午	天機 未	紫微天相 申
武曲 辰			太陰 酉
天同 卯			貪狼 戌
七殺 寅	天梁 丑	廉貞天相 子	巨門 化權 命宮 亥

圖六十八／破軍在命化祿、巨門在僕役化權

太陽 巳	破軍 化祿 命宮 午	天機 未	紫微天相 申
武曲 辰			太陰 酉
天同 卯			貪狼 戌
七殺 寅	天梁 丑	廉貞天相 子	巨門 化權 僕役宮 亥

圖六十九／巨門在官祿化權、破軍在兄弟化祿

太陽 巳	破軍 化祿 兄弟宮 午	天機 未	紫微天相 申
武曲 辰			太陰 酉
天同 卯			貪狼 戌
七殺 寅	天梁 丑	廉貞天相 子	巨門 化權 官祿宮 亥

圖七十／巨門在財帛化權、破軍在田宅化祿

太陽 巳	破軍 化祿 田宅宮 午	天機 未	紫微天相 申
武曲 辰			太陰 酉
天同 卯			貪狼 戌
七殺 寅	天梁 丑	廉貞天相 子	巨門 化權 財帛宮 亥

所以當巨門在命宮化權，破軍就在疾厄宮化祿，要想說話有分量，就要能夠身體力行，不怕消耗身體。當巨門化權在僕役宮，表示在朋友間說話有分量的時候，則命宮破軍化祿，正所謂可以當老大的就是要隨時豪邁付錢，願意消耗自己的人，說話才會有分量。巨門化權在官祿宮，要在工作上可以說服眾人，有領導權，這時破軍化祿會剛好在兄弟宮，這是僕役宮的對宮，表示在朋友平輩之間願意破耗自己，因為願意付出而產生了跟朋友兄弟間的情分，說話自然有分量。如果巨門化權在財帛宮，要說說話就可以創業投資，這麼爽快的事情，可想而知，就是因為田宅宮破軍化祿，表示有家產可以拿房子出來賣。

由此可知，巨門化權，基本上說的是這個人溝通能力很好，可以用言辭說服別人，說話有權威。同時，巨門星因為不安全感，所以加強學識，總是比其他星曜更加願意了解別人，體諒別人之外，巨門更可以利用這樣的特質讓自己在工作上得到與人溝通的能力。並且注意破軍化祿的位置，也就是說，真正的巨門化權，要相對應地付出破軍化祿的代價，這樣得到的權才會穩當。

注意結構平衡，缺一不可

只追求自我利益，無法創造真正改運的能量

雖然好格局通常需要注意祿跟權，否則只是具備條件，無法產生真正的力量，讓自己在人生旅途上發揮出好的格局能力。但是因為每個天干的四化都是彼此連動，缺一不可的，單獨希望某個星曜的化祿跟化權出現，其實達不到真正的效果。

當我們希望改運的時候，要創造命盤上的化祿與化權時，要先注意到每一顆星的化祿跟化權不見得是對的、好的，要看用在什麼地方，再者四化既然是連動的，化祿跟化權也需要注意彼此的關聯，不可能只追求化祿不理化權，或者只希望化權卻不願意接受化祿，就像巨門的例子，無法豪爽地對朋友好、對部屬付出（破軍化祿），怎麼可能拿到巨門化權呢？單方面

強勢的要求，結果只是造成巨門化權的負面影響，讓人討厭而已，這樣的化權怎麼可能幫助自己？

改運第二步

煞、忌為我所用，刀子拿在自己手裡

紫微斗數中提到好的格局有個基本的準則，就是不要遇到煞、忌，這裡說的煞、忌是四煞跟星曜化忌。有些人認為紫微斗數中的煞星是擎羊、火星、陀羅、鈴星，還包含地空、地劫在內（地空、地劫在清朝中葉以前是天空和地劫，後來改為地空、地劫），但是在我們教學中，卻常提到地空、地劫不能當成煞星看待，因為地空、地劫星影響的是宮位不是星曜，所以不能如其他四顆煞星一般看待。有時候地空、地劫會因為對於宮位的影響，反而讓其他四煞星在宮位內的力量降低，甚至無法產生破壞，這一點的細部解釋可以看我的部落格文章以及youtube的教學影片。

然而，在對格局的影響上，空劫星（地空、

地劫）卻是可以被當成破壞來看的。為什麼呢？因為煞、忌對於格局造成破壞的原因，來自於原本星曜組合的格局，因為遇到在命盤上代表原始感性情緒的四煞星（擎羊、火星、陀羅、鈴星），會因為個性的衝動、固執或過度的算計，以及按捺不住性子的火爆，造成可以好好經營的命格被破壞了。在古代，所有的好事都需要沉著冷靜或慢慢累積，煞星的衝動當然會破壞好格局，而空劫星的問題是因為破壞了宮位，宮位代表時空環境，沒有了時空環境，當然就沒了發揮的機會，所以即使有好格局也發揮不出來，或是發揮不出真正的能力，如同家裡放了一輛法拉利，卻少了汽油無法開出去。這也是煞星與空劫星會影響好格局的原因。

那麼化忌呢？四化中的化忌，代表的是一種空缺，由星曜產生的變化影響那個宮位，造成對應的宮位所代表的意思有空缺，例如化忌在財帛宮，本命盤財帛宮代表自己對錢的態度，化忌產生缺，所以會有缺錢的感覺，但不見得是真的缺錢。另外，還要看到底是什麼星曜產生的化忌，例如貪狼化忌，是因為希望可以擁有更多的賺錢機會跟方式，但是覺得自己沒有這些機會，所以認為錢不夠。這是基本的化忌概念，這一點也會對好格局產生問題，因為擁有好格局的人不該有這些追求財富或地位的心態，想想看「太陰天同」的清官格局，如果太陰化忌了，豈不是變成內心空缺，希望可以有更多機會，這樣好格局不是沒有了嗎？

化忌的存在會破壞格局，是因為過度要求，失去了大多數古人定義出來的好格局，所以需要中庸平衡的條件。這些是格局不能遇到煞、忌的基本原因。問題是，古人對於好格局的價值觀，跟現代人不太相同，甚至在古代也不見得正確，例如前面說到太陰天同同宮，對男人來說是個清官，說得好聽是清官，說得難聽就是個混不大而且還賺不到錢的官，這樣很好嗎？這個組合對女人來說是最佳的好老婆，甚至是好小三的格局，古代叫妾。加上太陰如果化忌，可能就沒那麼聽話了，遇到煞星大概也是個不聽話的女人，加上空劫，更沒機會當小三了。所以很多時候都是價值觀的差異問題，更別說真正能夠成大功、立大業的人，必然要有些別人做不到的衝動或堅持，這些都需要煞星幫忙。因此，了解煞星的優點之後，反而可以利用煞星，讓我們在人生中產生許多機會，不見得是完全破壞格局，如同化祿跟化權不見得全都是好事。

因此，除了讓人做不成小三的空劫星之外，接著來介紹四煞星以及化忌該怎樣為自己產生好的動力，幫助自己。

勇往直前
不怕困難的羊

要能夠利用煞星，就必須先知道哪些星曜比較不怕煞星，甚至可以利用煞星的力量。至於真正比較怕煞星的主星，如果遇到了煞星，還是只能躲一下。紫微斗數中有所謂不怕煞星的福星概念，福星是天府、天梁跟天同，各自有其不怕煞星的原因跟能力。其實不只有這幾個，以擎羊星來說，其實還有旺位的太陽（火剋金）、三方四正裡湊到經營團隊的紫微星、有化權的貪狼、破軍與巨門，或者化祿的巨門星。這些星曜遇到擎羊星，雖然各自有些缺陷，卻不是只讓星曜特質受損，有些反而可以發揮力量，當然這裡說的都是命、財、官這樣的宮位，在六親宮位上，煞星給予的大多是災難。

以擎羊星來說，缺點是固執且不顧一切往

前衝，代表著對於自己認定價值的固執性格，這樣的特性，當然容易變成太過自我，或者容易得罪人，這是擎羊星在命宮六親無緣的原因，也和古人對於好格局要處事圓融、事事求平和的特質相違背。但是擎羊星也代表了對理想的擇善固執，以及為了追求理想，不顧一切往前走，展現出對於所追求價值的魄力，願意面對挑戰。寫到這裡就可以知道，其實這些煞星的問題是古人不喜歡太感性的情緒特質，不喜歡無法控制的事情，所以對於情緒有不好的解釋，但是如果這個固執是為了好事，就是擇善固執了。如果是有益人生的事，就變成為夢想而堅持。所以，這端視與擎羊同宮的主星是什麼星曜，同時這也是為何煞星不能沒有主星獨坐在宮位內的原因。

知道了這樣的煞星特質，就可以知道，如果遇到的是前面那些比較能夠控制煞星的主星，例如天府、天梁，或者需要煞星幫助的，例如天同，甚至是雖然看起來不好，但可以兩害相權取其輕的，例如化權的破軍、貪狼還有巨門，那麼，有煞星還是不錯的。像巨門星加上擎羊星，在命宮一生犯官非、六親無緣，聽起來很不好，但是這個擎羊卻給了巨門說話特別有殺傷力，並且會有很好的第六感。如果挑的行業是命理師、律師，反而會是相當好的組合，當然那個煞星帶來的討厭一樣是存在的，但是如同一個打辯護官司的律師，有擎羊的說起話來更有殺傷力，更有理性跟破壞能力，就辯護律師的角色來說，反而更好。同樣地，旺位的太陽加上擎羊，會讓太陽更加強勢有領導能力，缺點當然是人緣變差，卻可以讓太陽的能力跟魄力更加發揮。貪狼跟破軍也是如此，能讓貪狼的慾望與破軍的夢想堅持地努力下去，不會看一樣愛一樣地換來換去，把夢想在作白日夢中換完了，但是這時候需要貪狼跟破軍本身有化權，重視跟穩定自己的特質。

如果有這樣的組合，其實可以不用害怕擎羊星，這反而是讓自己有勇氣去拚搏的原因，只是需要認真看待這個擎羊星，把衝動固執轉成堅持跟魄力。

堅持與深入研究的陀羅

陀羅星跟擎羊星可以說是一組對星，兩顆星曜是緊緊相連，跟隨在一起出現的，但是可以利用擎羊星的主星卻無法利用陀羅星，或者說陀羅星比較無法被直接如此拿來使用。陀羅星在紫微斗數中的含義是一生糾纏的功課，也就是自己無法放下但是覺得很麻煩的情緒，這樣的情緒基本上對於任何格局都是不利的，因為許多的煩惱通常來自於求不得卻又放不下。所以陀羅星所在的任何一個宮位，如果客人因此宮位而煩惱，通常都會建議應該不要那麼執著而堅持，可惜通常都沒什麼用處，畢竟那是我們一生的功課。但是紫微斗數的設定中沒有絕對值，因為人生也沒有絕對值。

陀羅星這種無法擺脫，不甘心不收手的態

度，還是有功能的，雖然放在命宮常讓人覺得這個人做事拖拉糾結，不乾不脆，但如果在官祿宮，並且挑選的工作是需要專注研究，專業技術深入鑽研的，這種不甘心不放手，沒答案不回頭的特性，卻相當適合如此的職業，舉凡藝術家、各種專業技能的技師、研究人員都是如此。因為命宮統管了十二宮，所以可以使用陀羅星的特質，只需要選對行業，並且鑽研在事業上，其他部分則多開放個性跟心胸，多點果決，就可以擺脱陀羅星的禁錮，轉化成累積能力的毅力，深入研究身後學識的動力。

如果陀羅星在其他宮位，無論是什麼樣的星曜，都建議花點耐性慢慢釐清自己的需要，思考自己在這個宮位上的態度，尤其如果同時還遇到化忌在宮位中，很容易讓自己陷在這個宮位內，這時候就要特別注意了。若同時間還遇到大的格局組合，例如「七殺朝斗格」，容易變成希望自己是七殺朝斗，能力非凡，但是又受到陀羅星影響，做事絕對差強人意、裹足不前，此時反而建議應該放下好格局給的假象。

熱情與爆發力的火星

火星的基本概念就是所在宮位把一切燒光光，就是因為這份過度熱情跟不理性的衝動，讓許多人分不清楚火星的衝動跟擎羊有何不同。擎羊是固執，是經過思考後覺得應該往前衝，這樣的固執跟陀羅的糾纏不一樣，陀羅的糾纏是無論如何不放棄，容易陷入無法選擇的情況，而火星的衝動則是不顧一切，單憑一個感受好就往前衝了，這樣的特質雖然讓人感覺是無法控制的暴衝，但是如果搭配好的主星，會產生許多熱情的魅力，例如帶著博學與桃花魅力的貪狼，所以會有「火貪格」的存在。又例如太陽、天府、七殺、天梁、廉貞，如果三方四正內（最好是同宮）遇到化祿或祿存，或者化權，則讓星曜具備了穩定的能力，並且能發揮專長跟特質，這時候若加上火星，就會有爆發力產生，當然這裡說的是在命、財、官這樣的宮位。

需要注意的是，火星的爆發力跟熱情也常常稍縱即逝，所以需要提醒自己保持熱情，不能是三分鐘熱度，並且要注意不能再遇到其他煞、忌出現，這樣火星就可以專心發揮火爆的能力，反而可以發光發熱。但是除了宮位需要有限制，主星也需要受限，必須是前面說的那些主星。最後一項是選擇的工作行業，如果所選擇的工作行業本身沒有爆發機會，當然就不會有這樣的現象出現，更別說既然是爆發，最好能夠有化科在三方四正內。

如果具備了上面的條件，就可以讓自己適度發揮火星的能力。

細膩計算不怕吃苦的鈴星

鈴星可以說是四煞星中最特別的一顆，就某個角度來說，甚至不能算是一顆煞星，不但是因為鈴星跟貪狼一起有「鈴貪格」，跟某些主星在一起時，如果主星旺盛，加上放在命宮跟財帛宮，還可能被當成有偏財運的星曜，只是無論如何還是煞星，所以即使有這些優點，破壞力依然存在。

鈴星代表的是內心的算計，這樣的算計心態往往讓自己在計算過頭之後反而出問題，尤其在古代來說，擁有好格局的人都不該有這樣的算計心態，但是，實際上一個人要成大功、立大業，哪個沒有一點小算盤、小心機呢？對別人來說或許不好，但是對於命盤的主人來說卻不錯，當然這樣的組合也不適合在六親宮位中，心機小算盤當然是要放在自己的手上。

其實，四煞星都有其正反面，如同人的情緒，有衝動的擎羊就有躊躇的陀羅，有熱情的火星當然也會有冷靜沉穩的鈴星，雖然冷靜沉穩不見得完全沒問題，但是現實生活中我們常常希望自己擁有這樣的條件，更別說這個冷靜沉穩還有個吃苦耐勞的附加價值。這也就是鈴星會有前面所說那些「鈴貪格」、偏財的優點，因為可以冷靜思考，只要主星不差，不是天機化忌這種聰明反被聰明誤的，或者是文昌、文曲同宮還化忌，容易想太多、算計太多的，抑或是破軍、廉貞、天相這一類，遇到太多煞、忌，容易行為過度、違反社會價值觀的，除此之外，鈴星都可以給予主星不錯的幫助，讓主星在面對事情時增加冷靜思考跟沉穩的能力。從這個角度去看，只要避開前面說到不適合的主星，就可以利用鈴星給予的能力做好精密計畫，讓自己在事業或財運上有不錯的機會跟獲利，但是一定要在三方四正內有祿跟權，並且記得不能再遇到化忌或其他煞星，否則就會變成因為希望得到權利、位階而計算過多，反而會給予破壞，就算因此拿到權力地位，最後都會受到傷害。

四煞星的利用，需要注意是否有能夠搭配適合的主星，並且主星要是強旺的狀態，也就是拿到相對應需要的條件（主星需要的相對應條件並非所謂廟旺落陷，而是每顆主星要是自己在乎的組合，我的部落格與 youtube 都有相關介紹的影片），強旺的主星就可以適度利用煞星，並且要在適合的宮位，例如前面的陀羅星基本上只適合在官祿宮，或者對宮的夫妻宮，其他宮位幫助不大。有了前面這些條件之後，就可以引發煞星給予的正面力量，但是如果沒有呢？如果沒有，可以建議別追求主星組合的格局，或者像後面我們會介紹到利用運限的轉換，組合出屬於自己的好格局。

化忌是成就事業的逆境菩薩

人通常都是因為缺乏才會有動力，而且缺乏的動力往往比喜歡的力道還要大。想想我們是為了吃美食願意付出的多，還是因為肚子餓到不行了要吃一頓飽飯、願意付出的多，這就是化忌空缺帶來的驚人力量，所以許多書上會提到命、財、官的宮位化忌很不好，其實這是一種錯誤的解讀，尤其是本命盤，在運限盤上，宮位表現出來的可能是現象，所以確實有可能是個問題。但是有空缺的現象出現，有時候不見得是真的缺了，可能只是覺得不如預期，因此不能直接論斷是事業或財運不佳，如同運限盤上夫妻宮化忌時，往往會特別想結婚，因為覺得自己很缺一份愛情。更別說如果是本命盤，討論的是自己的天生能力跟價值觀，更不可能直接代表不好或不佳。所以官祿宮化忌的人通常會是工作狂，財帛宮化忌相對希望可以有更多的金錢支配能力，命宮則是對人生有許多要求，要求自己。覺得工作應該更努力，希望可以有更多財務掌控能力，這些事情就像一直要求自己減肥一樣，當然不會是太容易或者開心的事情，但通常也是這樣的人才能夠減肥，同樣的能力之下，願意要求自己的人，當然更加容易成功。

從這個角度來看，其實化忌能夠給予我們很大的幫助，而且化忌在命、財、官，搭配到好的祿、權時，具備了能力而且比別人拚命，絕對會讓我們更容易成大功、立大業，正所謂面對對手的時候，比起對手的天分好，更可怕的，就是對手不但天分好還很努力很拚命，這才是恐怖的對手。

不過，四化都要看是哪顆星曜化出去，所以也不是每個星化忌都很好。例如天機化忌，天機星已經善變且善於思考，化忌會讓它想太多。太陰星如果遇到跟天機同宮或是天機在對宮，而太陰化忌造成太過希望可以照顧周全，一樣會影響天機星想太多。另外，文昌跟文曲代表思慮，就像天機星善於思考，如果化忌了反而想太多、思慮過頭，會影響主星的結構，就像原本具備了好條件，可以好好地賺錢，卻想東想西，反而失去機會一樣。這是化忌所需要注意的小缺點，其他的化忌可以依照各星曜的特質，努力發揮優點跟長處，反而會給自己無窮的努力跟動力，只要運限上有祿、權，就可以發揮力量，幫助自己。

如果沒有祿、權呢？可以看看前面內容，了解該怎樣創造出化祿跟化權喔！

Chapter

7.

人生不只是一個局

從無到有，一手打造

天生沒有遇到好格局，該如何創造

一直以來我們上課都不談格局，主要原因就是不希望大家被所謂的格局局限，因為人生有無數可能。這本書翻轉了過往我不談格局的角度，也是希望利用對於格局的解釋，讓大家了解命理學的一些真正含義，並且從這個角度來理解改運的可能。如果說格局是古人為了方便學習整理得出的資料，我們就該活用這些資料，了解它的真諦，並且從中找出可以改變自己的方法。

紫微斗數的十四顆主星只有十二種排法，所以單就星曜的排列組合來說，每個人命盤上都會遇到許多格局組合，有好有壞，不會完全沒有格局出現，只是如同前述，格局就像打麻將，每個人拿到的牌總是讓自己覺得好像可以湊出什麼大牌，但是又缺了點什麼，也或者一直摸不到自己想要的牌。我們的命盤上也是如此，會出現各類格局，卻不容易真正形成好格局，當然要真正形成爛格局也不容易，所以也見不到那麼多的男盜女娼，如同見不到首富滿街跑。因此，前面的章節告訴大家如何在發現命盤上有好格局的時候，能夠透過努力去補它的不足，讓原本只是主星組合但是不構成好命格條件的人，可以透過後天的努力讓好命格完成，也告訴大家如何避免煞、忌對於命格的破壞，甚至是利用煞、忌給予自己好的動力，更加發揮出好命格的能量。

但是如果天生命盤上真的完全找不到好命格在屬於自己的宮位上呢？還是可以靠自己創造的。

前面提到的格局，為了解釋方便，大多數是用本命盤來讓大家理解，稍微對紫微斗數有認知的人就知道，其實還有運限盤，紫微斗數十四顆主星的排列也就是十二種而已，本命盤沒遇到好格局在自己宮位。只是因為本命盤宮位安排得不對，但是運限盤會轉動，所以總有機會讓自己遇到有個運限是有好格局的，當然也會有運限會讓自己脫離爛格局。所以，不用擔心天生沒有好格局，後天還是會給這樣的機會，大限、小限、流年運在命盤轉動時，總會給自己遇到好格局的機會。

我們可以透過對運限盤的理解，找出好格局的時光，在那個時間點內好好努力，運限不好的時候，通常也是煞、忌比較多的時候，可以用前面說的方式，善加利用煞、忌給自己力量，真的非常差的時候，則應該讓自己休息一下，這樣以時間觀念來換取好運勢的方法，也是紫微斗數重要的概念。所有的命理學都是人跟環境的關係，環境代表的是時間跟空間，選擇對的時間跟空間，本來就是創造自己一生好運途的重點。當我們可以利用運限盤、利用時間的轉動找出好的格局組合，在對的時間做對的事情跟選擇，當然就可以慢慢地一帆風順，當然即使有對的星曜組合，還是要搭配上該有的條件。

有沒有可能連運限都找不到好格局呢？當然還是有。運限盤轉來轉去，卻還是沒有好格局的原因有兩個，一是好格局的組合出現得太晚，七老八十來個三吉嘉會也太慢了，要當老人院領袖嗎？第二大限來個七殺朝斗還化科，是要選學生會會長嗎？所以可能會因為時間不對而浪費好格局。另外一個可能就是，即使有好格局出現，但是煞、忌太多，前面教大家利用煞、忌的方法可能不見得適用。紫微斗數中，當然還是有其他改運方式，例如利用命盤上的田宅宮與命宮、福德宮、疾厄宮，來做現實生活中風水上的調整，利用風水的能量與十二宮連動的關係，實際更動現實狀況，回頭影響命盤，或者利用命盤上，按宮位所需要的人際關係、人脈法則，找出人生中需要的貴人，也可以利用命盤上對於自己健康的調整，達到強旺運勢的方法。利用紫微斗數命盤可以有各種方式。但是如果單就格局的部分，該怎麼做呢？

有格論格、無格論財官

好格局的重點在於財帛跟官祿

有格論格、無格論財官的意思是，有格局的命盤可以先從格局給它的分類與評比去分析命盤，沒有格局的可以先從財帛宮跟官祿宮論起，既然如此，是否如果真的沒有格局，只要有好的財帛宮跟官祿宮，人生也不會太差呢？

確實是如此，不但如此，如果排除那些被形容成很爛的格局，以及聽起來好聽其實沒什麼搞頭的格局（如果可以，誰不想發大財，誰會只想默默當個小公務員呢？），其實所有發發的格局重點都在財帛宮跟官祿宮，因為這兩個宮位剛好跟命宮成為三角形，這兩個宮位像兩個支柱，支撐我們的人生，因此只要這兩個宮位不錯，大概人生也不會太差，甚至這兩個宮位好的人本身即使不具備什麼了不起的格局，生活也不會太差，更何況如果是本命盤，搭配運限遇到好格局，就可以在遇到好格局的運限有大發的機會，不是嗎？那麼怎樣的財帛宮跟官祿宮算是不錯的呢？重點就是官祿宮化權而財帛宮化祿，最好當然可以命宮化個科，不過就算沒有也沒關係，光是利用官祿宮化權、財帛宮化祿，就可以相當豐富我們的人生，當然如果煞、忌太多，可能也會相當驚滔駭浪。

四化黑白配？忌祿配，科權配

前面提到了如果遇到好格局但是缺乏祿跟權，可以利用星曜特性，自己創造出祿、權，這個方法在這裡當然也可以使用，意思就是雖然本來不具備偉大格局，但是只要財帛宮跟官祿宮有化祿跟化權，也會相當不錯。我們可以利用前面說的方式，自己創造化祿、化權，但人生總是沒有那麼容易，除了自己創造總是要投入許多努力，很辛苦以外（但是經過汗水的果實總是更甜美），還要注意的就是不能化錯祿、用錯權。

有某些星曜不適合化祿或化權，這時候如果還讓它產生權、產生祿，其實反而不好。可惜的是，人生總是那麼艱難，命盤上就是那麼剛好，本命盤的星曜不適合化祿或化權，這時候當然一樣可以使用運限盤找到好的時機，來為自己產生化祿跟化權。還有一個很重要的陷阱就是，星曜本身具備四化時，自己產生化祿、化權一樣會有問題，不是那個星曜不能化祿（例如破軍在財帛宮）、或者不能化權（例如天同化權），而是因為星曜本身具備了四化，這時候就不好再去引動它產生我們自創的化祿、化權。例如如果本身天機星已經化忌，就不好再化權了，一個聰明反被聰明誤又想太多的天機，何苦還要他去掌權呢？

這裡介紹一個許多人沒注意到的四化小問題，一般大家比較知道的是四化「起於祿，終於忌」，我們的說法是「起源於忌，而終於祿」，因為有空缺才會有追求，所以四化基本上是四個連動在一起的，例如前面提到的，巨門要化權，則破軍要化祿才可以。所以四化其實彼此連動。但是有一個更深入的觀念是，其實四化彼此「互為表裡」。

化祿與化科——化祿是真實的付出與收穫，化科則是名聲而已，就像夫妻宮化祿，通常是對待感情投入，化科則是因為感情是自己的面子，所以雖然投入，但是沒有那麼盡心盡力，只是因為不能丟臉而做了些事情。

化權與化忌——化權是一種掌控，化忌則是空缺，我們因為有空缺，所以想掌控，想擁有，掌握不到就會覺得好像有所空缺，捉不住手中的她，感覺心中就空了一塊，所以化權跟化忌其實也是一體的兩面，牢牢在握，穩穩當當的是化權，怕自己無法掌控，沒有安全感，造成內心空虛的則是化忌。

我們可以簡單地說，相對於化祿跟化權，其實化科跟化忌是某種負面表列，因此除了星曜本身不適合之外，如果遇到化科跟化忌的星曜，也不要再強硬去創造出化祿跟化權。例如官祿宮太陽化忌，基本上應該是個工作狂，並且對工作有很深的要求，希望所有的工作問題最好依照自己的規則進行（如果還跟文昌同宮而文昌化忌，一定很吹毛求疵），這時候如果還讓太陽產生化權，想想自己有個這樣的老闆、工作狂、對事情嚴格要求，而且什麼權力都要牢牢掌握，這會是一個好老闆嗎？如果因為薪水問題不能忍受，那換成夫妻宮可以想見一定會更慘。又或者，當財帛宮武曲破軍同宮，武曲化科，這個人大概花錢都不看帳單的，如果還去產生破軍化祿，是不是會完全守不住財，就算注意到破軍不能化祿，但造成武曲化祿，也會是左手賺錢右手花掉。

所以當我們要創造化祿、化權在財帛宮跟官祿宮，甚至是命宮的時候，除了要注意不適當的星曜之外，也要注意星曜本身如果已經有了化忌跟化科，就不再適合用人為力量去創造出化祿跟化權，因為這會加重化科、化忌本身的缺點，也會引發化祿、化權的缺點，反而事倍功半。

那麼化忌的星曜可以創造化祿嗎？這個沒有問題。我覺得自己做得不夠好，所以更加努力，依此類推，化科跟化權可以相輔相成，有名聲才能追求權力，或是有權力可以利用創造名聲來讓自己有更好的人望，鞏固權力。這兩個組合則是更好的搭配，因此當我們創造化祿跟化權的時候，最好還可以注意這樣的問題，就可以讓四化在命盤上做出很好的發揮，這也是讓我們檢驗命盤是否有足夠完善的能力展現的檢查。

利用這樣的方式，即使本身沒有好格局，也可以創造出好的命盤，就像一開始說的，天生的本命盤像是我們帶來人間旅行的裝備檢查表跟地圖，依照本命盤給予的裝備檢查表，我們可以知道自己帶了什麼裝備來，再依照運限盤為人生地圖，會知道旅途中將發生什麼事，自己是否帶足裝備，要怎麼使用，或者該補充哪些、拋棄哪些，讓人生的旅途可以更好。

結語

生命由我不由天

「生命由我不由天」這句話出自動畫片《魔童哪吒》，改編了原始哪吒的故事，意思是我們可以選擇自己的人生。其實哪吒的原始版本是印度的一位青少年戰神，原版印度的故事更貼近於改編版本所闡述的價值。

雖然我們常提到人應該順天而飛，不要逆風而行，因為這樣才能趨吉避凶，讓人生順遂，利用時空環境的局勢將自己的能量發揮到最大最好，人定勝天反而容易因為一意孤行，而造成災難。在命盤中，整個推測的組成架構是由環境跟人造成，我們需要懂得順應環境，甚至利用風水小小地創造一點有利環境出來。然而，對於屬於人的部分，卻是最容易也是最難改變的。容易改變是因為改的就是自己的個性，但難的地方也在於我們正是常常因為個性問題而淪陷在婆娑苦海中。

煞星之所以是煞星，是因為代表了我們不理性的部分。化忌為何讓人害怕，因為代表了我們心中的空缺與不安。如果我們可以把空缺不安轉成力量，把煞星的不理性變成感性的生命能量，放在適當地方來使用，就可以讓這些看來不好的事變成好的。這些都是屬於自己的，由自己來改變，一定也會是最簡單的，端看自己願不願意而已。這就是學習紫微斗數為什麼可以讓我們可以理性面對自己，並且找出好的解決方針，再幫助自己的個性得到改變，進而改變命運。

這本書教大家如何利用看命盤找到格局，利用古人對於命格的分析統計，讓我們知道各自的優缺點，去加以刪減與彌補，並且依照四化與星曜的特質，讓大家了解如何產生化祿，幫助自己；如何產生化權，掌握人生，清楚列出方法，讓大家可以按圖施工，保證成功。雖然道理容易了解，但過程總是不大容易，不過人生就是如此，不是嗎？我們追求美麗的風景，在旅途中總會遇到問題，只有解決問題的人能夠到達目的地，並且得到美景，所以，與其在路途中抱怨自己的裝備不夠，不如現在就起心動念，開始整理好自己的裝備，看好命盤，清點所需要做的功課，一步步地邁出、增強能力，展現能量的步伐，不只是發願祈求，不只是拜拜燒香，而是真正改變自己，進而改變人生，大步邁向屬於自己的大運，創造好格局。

改運之書・格局篇

經營自己、找到助力、善用煞忌、創造吉化，超前布局！

改運之書 格局 / 大耕老師作 . -- 初版 . -- 臺北市：時報文化 , 2020.07 面； 公分

ISBN 978-957-13-8295-1(平裝)

1. 紫微斗數

293.11 109009888

作者—— 大耕老師

美術設計—— 張巖

主編—— 楊淑媚

校對—— 林雅茹、秦立帆、沈佳妤、黃乃儀、管姿婷、簡紀縈、陳睿宏、侯玉霜、黃佳慧、蔡蕙憶、連玉瑩、楊淑媚

行銷企劃—— 謝儀方

第五編輯部總監—— 梁芳春

董事長—— 趙政岷

出版者—— 時報文化出版企業股份有限公司

一〇八〇一九 臺北市和平西路三段二四〇號七樓

發行專線——（〇二）二三〇六—六八四二

讀者服務專線——〇八〇〇—二三一—七〇五、（〇二）二三〇四—七一〇三

讀者服務傳真——（〇二）二三〇四—六八五八

郵撥——一九三四四七二四 時報文化出版公司

信箱——一〇八九九 臺北華江橋郵局第９９信箱

時報悅讀網——http://www.readingtimes.com.tw

電子郵件信箱——yoho@readingtimes.com.tw

法律顧問——理律法律事務所 陳長文律師、李念祖律師

印刷——勁達印刷有限公司

初版一刷——二〇二〇年七月二十四日

初版五刷——二〇二三年九月五日

定價——新台幣四二〇元

時報文化出版公司成立於一九七五年，並於一九九九年股票上櫃公開發行，
於二〇〇八年脫離中時集團非屬旺中，以「尊重智慧與創意的文化事業」為信念。